假如你是老板，会聘用现在的自己吗

换位思考，用“老板的思维”来评估一下自己：看清你自己！

王茂密◎编著

天道酬勤　地道酬善

人道酬诚　商道酬信　业道酬精

在这愈加纷繁喧嚣的世界里，静下心来反思一下，我们就会发现还有很多地方做得不够。

图书在版编目（CIP）数据

假如你是老板，会聘用现在的自己吗／王茂密编著. --北京：企业管理出版社，2016. 8
ISBN 978-7-5164-1336-4

Ⅰ. ①假… Ⅱ. ①王… Ⅲ. ①企业－职工－修养 Ⅳ. ①F272. 92

中国版本图书馆 CIP 数据核字（2016）第 208691 号

书　　名：假如你是老板，会聘用现在的自己吗
作　　者：王茂密
责任编辑：徐金凤　田天
书　　号：ISBN 978-7-5164-1336-4
出版发行：企业管理出版社
地　　址：北京市海淀区紫竹院南路 17 号　　邮编：100048
网　　址：http：//www. emph. cn
电　　话：总编室（010）68701719　发行部（010）68701816　编辑部（010）68701638
电子信箱：80147@ sina. com
印　　刷：北京柯蓝博泰印务有限公司
经　　销：新华书店
规　　格：170 毫米×240 毫米　16 开本　14 印张　185 千字
版　　次：2016 年 8 月第 1 版　2016 年 8 月第 1 次印刷
定　　价：36. 80 元

前言 Preface

假如你是老板，愿意聘用现在的自己吗？

这真是一个很有意思的问题，值得每一个职场人好好地想一想，仔细地捋一捋，认真地问一问：假如我是老板，愿意聘用现在的自己吗？愿意吗？

如果回答是肯定的，恭喜你，你是一个合格的、受老板青睐的好员工，你的前途一片光明。在不久的将来，老板还会重用你，视你为心腹，委你以重任。如果回答是否定的，那么，也要恭喜你，你马上会被炒鱿鱼，你即将拥有一份新的工作了。如果回答是犹豫的，更要恭喜你，因为你开悟了，开始反省自己了！

这样的反省，对于已经身处职场的员工来说意义重大。因为这是一种换位思考，是在“是我非我”的语境中展开的反思。员工变成了老板，站在老板的位置，从老板的角度和利益出发，用老板的眼光和标准，来反省自己的工作、端正自己的态度、考察自己的表现、判断自己的正误、检验自己的效率。崭新的角度和标准，崭新的目光和认识，会让我们目光如炬，心境如镜，看见最真实、最客观、最全面的自己，发现工作中的不足，并迅速自觉地改正和完善，使自己成为老板最需要、最信任、最倚重、最离不开、最想聘用的人，不论是对企业、对老板，还是对员工自己，都极有意义。

老板愿意聘用什么样的人？当然是能为企业创造效益的人；能全心全意为企业着想的人；是忠诚敬业、踏实肯干的人；是敢于担责、勇于创新的人；是主动积极、乐于付出的人；是懂得合作、团结一心的人；是善于学习、不断进步的人……如果你成为这样的人，老板当然会迫不及待地聘用你，毫不犹豫地把更多的发展空间和挑战机会给你，当然更会毫不吝啬地提升你的报酬和待遇。即使你从事的是最平凡的工作，即使你是一个很不起眼的小职员，你的前途依然一片光明，你的未来也会更加灿烂。

所以，每一个员工，或许都该用这句话来问一问自己：假如我是老板，愿意聘用现在的自己吗？连自己都不想聘用自己，又怎么可能指望老板对你满意？

是该改变的时候了！

本书正是从员工的立场出发，引导员工从老板的角度，重新认识自己的工作，从内心开始，改变自己。改变对工作的态度，改变看工作的角度，改变干工作的方法。把自己当成老板，从老板的角度要求自己，让自己更加努力勤奋、更加忠诚敬业、更加踏实负责，提升能力为企业和老板创造更多的价值，拿出最好的成绩回报企业和老板给你的待遇……让老板从来不后悔聘用了自己，也让自己的位置牢不可破，并在不断改变的过程中成为老板最倚重的员工，成就最优秀的自己。

王茂密

第一章 态度第一，只会抱怨不懂感恩老板不会雇用你

感恩是一种珍视所有、懂得回报的表现，是一种极其谦卑却又极其热忱的情感。一个懂得感恩的人，自然也会收获更大的成功，这就是一个良性循环。当一个人懂得感恩的时候，怨气就会消融，因而变得快乐而充满力量。

第二章 忠诚敬业，你不是为老板打工而是为自己奋斗

公司是一个所有人追求成功的平台！你不是在为老板打工，而是在为自己的将来打工，是给自己累积经验和财富。学会重视这个平台，尊

重你的老板，全身心投入，不计较个人得失，以公司大局为重，迟早有一天，你会是公司最重要的那个人！

第三章 脚踏实地，少些浮躁多些务实才能得到老板赏识

不积跬步，无以至千里。想要实现梦想，就必须一步一个脚印地向前走。工作中不要弄虚作假、好高骛远，在自己的岗位上干好本职工作，少些浮躁多些务实才能积攒深厚的文化底蕴，才能更好地施展你的才能，规划好你的人生。

第四章 尽职尽责，工作不负责在老板眼里就是不称职

责任是工作的导向，不要把目光盯在职位上，而要把目光放在责任

上；不要把重心放在获取薪水上，而要把重心放在创造价值上。无论你所做的是什么样的工作，只要你能认真地勇敢地担负起责任，你所做的就是有价值的，你就会获得尊重和敬意。

第五章 自动自发，别拿“老板不在”当借口

做事要积极主动。任何一个员工，都不能只是被动地等待老板告诉你应该做什么，而是应该主动去了解自己应该做什么，还能做什么，怎样精益求精，做得更好，并且认真地规划它们，然后全力以赴地去完成。

第六章 敢于担当，不要把问题丢给老板

在企业的发展过程中，问题会时不时出现，就像每个人都会生病一

样。所以，老板迫切需要的是那种能及时解决问题的人才。一个经常为老板解决问题的人，肯定能最先得到老板的青睐和提拔。敢于担当，做个能办事的人。这样，你的老板就会带着高职厚薪来找你！

第七章 勇于创新，投机取巧不如给老板丰硕的创新成果

馅饼并不会从天上白白掉下来，只有你努力工作并取得一定的成绩，老板才会重用你。能为公司赚钱的人，才是公司最需要的人。拿老板工资却不思进取，就是在白白耗费公司资源。每个老板为了自己的利益，都只会留下那些业务能力最强的员工。

第八章 善于合作，老板会毫不留情地剔掉不和谐因子

团队永远比个体更完美。无论你从事什么工作、处于什么环境，都

无法脱离其他人的支持去独自完成所有事情。因此，我们要学会融入团队、依靠团队、感恩团队，因为这是一个合作共赢的时代，需要伟大团队的时代。

第九章 提升能力，做具有“工匠精神”的卓越员工

拥有过人的技能，是事业成功的必要条件。下决心掌握自己职业领域内的核心技术和技能，使自己变得比他人更精通、更专业，你才能成为具有工匠精神的员工。唯有这种态度，方可成就完美的技能。工作中有此态度，天下何事不可成？

第十章 终身受雇，不做过客与老板同发展共命运

许多员工认为自己只是一个打工者，与公司只是一种雇用与被雇用

的关系，甚至有意无意地将自己置于与老板对立的地位，这实在是一种错误的认识。企业不但是员工之间相互交流、相互沟通和相互协作的载体，也是员工学习进步和展示才华的载体。

第一章　态度第一，只会抱怨不懂感恩老板不会雇用你

感恩是一种珍视所有、懂得回报的表现，是一种极其谦卑却又极其热忱的情感。一个懂得感恩的人，自然也会收获更大的成功，这就是一个良性循环。当一个人懂得感恩的时候，怨气就会消融，因而变得快乐而充满力量。

1. 用心感谢工作中获得的机会

感恩是一种珍视所有、懂得回报的表现，是一种极其谦卑却又极其热忱的情感。人类因为感恩而伟大，世界因为感恩而美丽。用感恩的心工作是一种精神更是一种智慧。工作是人类的生存状态，就像猫生来要捕捉老鼠，蜘蛛要结网，蜜蜂要采蜜一样，人生来就要工作。不管是好工作还是差工作都是上天的恩典，因为工作不仅是我们取得生存最基本物质的手段，更重要的是，工作是我们实现自我人生价值的途径。你是否曾经想过，用一种特殊的方式，告诉你的老板，你是多么热爱自己的工作，多么感谢从工作中获得的机会。你的感恩将能迸发出极大的工作热情，激发你的积极心态。可以说，懂得感恩是一名员工优秀品质的重要体现，只会抱怨不懂感恩的员工是不会受到老板青睐的。

☆☆☆☆☆☆

汤姆在一家广告公司工作了一年。由于不满意自己的工作，他愤愤地对朋友说："我在公司里的工资是最低的，老板也不把我放在眼里。如果再这样下去，总有一天我要跟他拍桌子，然后辞职不干。"

"你对公司的业务都清楚吗？对于公司运营的窍门完全弄懂了吗？"他的朋友问道。

"没有！"

"大丈夫能屈能伸。我建议你先冷静下来，认认真真地对

待工作。好好地把公司的一切经营技巧、商业文书和组织结构完全搞通，甚至把如何书写合同等具体事务都弄懂了之后，再一走了之，这样做岂不是既出了气，又有许多收获吗？”

汤姆听从了朋友的建议，一改往日的散漫习惯，开始认认真真地工作起来，甚至下班之后还留在办公室研究商业文书的写法。

一年之后，那位朋友又遇到他。

“你现在大概都学会了，可以准备拍桌子不干了吧。”

“可是我发现近来老板对我刮目相看，最近更是委以重任，又升职又加薪。说实话，现在我已经成为公司的红人了！”

“这是我早就料到的！”他的朋友笑着说，“当初你的老板不重视你是因为你工作不认真，又不肯努力学习，没问自己能做什么却总想着自己能够得到什么。后来，你痛下苦功，能力提高了，也给公司带来了效益，当然会令老板刮目相看了。”

我们中的许多人不也像起初的汤姆吗？因为薪酬不高而满腹牢骚，却忘了先问自己能够做什么、给老板带来了什么。一名懂得感恩的员工则恰恰相反，他知道已经从工作中获益良多，需要尽最大的努力来回报老板的知遇之恩和企业的培养之恩。一个懂得付出的人，自然也会收获更大的成功，获得老板的青睐。怀着感恩的心对待你的老板，感谢他们让你有这个工作，让你生活安稳。不要整天抱怨薪水低、工作内容繁杂、上班时间长，你可以用感恩的心态对待这一切，用你最好的状态、最高的效率完成你的工作，那你也将收获多多。

约翰·洛克菲勒说过这样一段话：“工作是一个施展自己才能的舞台。我们寒窗苦读来的知识，我们的应变力，我们的决断力，我们的适应能力，我们的协调能力都将在这样一个舞台上得到展示。除了工作，没有哪项活动能提供如此高度的充实自我、表达自我的机会，以及如此强的个人使命感和一种活着的理由。”怀着一颗感恩的心去工作，我们必须培养这样的职业心态：今天有这样一个岗位是幸福的，在这个岗位上，我能免费学到许多知识和本领，形成很强的综合能力，积累丰富的经验，这是资本。这不是一句空洞的口号，而是真情的迸发。用感恩的心对待现在的工作，就会对企业忠心耿耿，与企业荣辱与共；对工作充满激情，兢兢业业；对同事多份欣赏，少份挑剔。当我们怀着感恩的心去工作，我们就是在享受工作，这样以一种愉悦、感恩的心态去工作，我们收获的将是意想不到的惊喜和成就。如果我们每天能带着一颗感恩的心去工作，不仅会享受一种工作时的愉快而积极的心情，也能得到老板的欣赏。

感恩可以让我们浮躁的心平静下来，重新审视身边的一切。一个人可能并没有多少财富，但只要拥有一颗感恩的心，一样可以变得“富有”起来，过上幸福、快乐的生活。感恩让我们学会了珍惜，也学会了更好地去奉献自己、服务他人乃至报效社会。感恩就像一把密钥，开启了我们的敬业之门。从现在开始，每天抽出一点时间，为自己所拥有的一切而感恩，为自己的工作而感谢老板，真诚地为身边的每一个人祝福。试着写一张字条给老板，告诉他你是多么热爱自己的工作，多么感谢工作中获得的机会。这种深具创意的感谢方式，一定会让老板注意到你，甚至可能提拔你。感恩是会传染的，老板同样会以具体的方式来表达他的谢意，感谢你所提供的服务。感恩是情感的自然流露，它会增强你的个人魅力，让你拥有神奇的力量，使你在职场中出类拔萃。

2. 珍惜工作，糊弄老板就是糊弄自己

现实生活中，很多人都拥有一份令人羡慕的工作，然而，他们却身在福中不知福，不懂得珍惜自己的工作。职场中很多人往往存在这样的心态：工作上拈轻怕重，报酬上斤斤计较，态度上消极被动，得过且过，不负责任；甚至偷奸耍滑，遇到难事躲着走，能少干就少干；对自己的利益极度关心，对企业、对组织的利益漠不关心……他们能少干一分，绝不多干一分。“老板给多少钱，就干多少事”是这类人的共同心态。他们自以为很聪明，马马虎虎应付完每一天的工作，常常暗自窃喜。殊不知，糊弄老板就是糊弄自己。在漫长的人生中，每个人的大部分时间都是在工作中度过的。可以说工作就是我们生命的舞台，工作的成败就是我们人生的成败。我们只有像珍惜生命一样珍惜自己的工作，才能把工作做得尽善尽美，才能获得人生中的最高成就。

有这样一个故事，有一段时间，农夫一直用牛和骡子一起耕地，耕地工作相当辛苦。年轻的小牛对老骡子说：“今天我们装病吧，休息休息。”

老骡子却答道：“不行呀，我们还是努力把工作做好吧！因为耕种的季节很短呀，做完了可以好好休息了。”

但小牛不听，最后还是装病休息。为此，农夫给它弄来新鲜的干草和谷物，尽量让它舒服些。

等老骡子耕种回来，小牛便向老骡子询问地里的情况。

老骡子回答道："没有我们俩在一起耕种的多，但是也耕种了不小的一段距离。"

小牛又问老骡子："主人今天说我什么没有？""没有。"老骡子回答。

第二天，小牛还想偷懒，就再次装病。当老骡子从田间回来时，小牛又问老骡子："今天怎么样？""还不错，我认为。"老骡子答道，"但耕种还不是太多。"小牛又问道："主人说我什么了？""啥也没有对我说，但是他却停下来和屠夫说了好长时间的话。"

☆……☆……☆……☆……☆……☆……

世界上到处都是一些看起来很有希望成功的人——在很多人的眼里，他们能够成为而且应该成为各种非凡的人物，但是，他们最终并没有成功，原因何在呢？一个最重要的原因在于他们糊弄老板，不愿意付出与成功相应的努力。他们希望到达辉煌的顶峰，却不愿做出牺牲。糊弄老板、投机取巧成了一种普遍的社会心态，而成功者的秘诀就在于他们能够摒弃这种心态。糊弄老板、投机取巧也许能获得一时的好处，但是从长远来看，却是百害无一利。无论在什么地方，那些糊弄老板的人往往成为裁员的"热门人选"。

……☆……☆……☆……☆……☆……☆

五年前王小姐还在一家营销策划公司工作，当时一位朋友找王小姐，说她们公司想做一个小规模的市场调查。朋友说，这个市场调查很简单，她自己再找两个人就完全能做，希望王小姐出面把业务接下来，她去运作，最后的市场调查报告由王小姐把关，完成后会给王小姐一笔费用。这的确是一笔很小的业务，没什么大的问题。报告出来后王小姐也很明显地看出其

中的水分，但王小姐只是做了些文字加工和改动，就把它交了上去。对王小姐而言，这事就这样过去了。

有一天，几位朋友拉王小姐组成一个项目小组，一块儿去完成北京新开业的一家大型商城的整体营销方案。不料，对方的业务主管明确提出对王小姐的印象不好，原来这位先生正是那项市场调查项目的委托人。

因果循环，王小姐目瞪口呆，也无从解释。这件事给王小姐极大的刺激，现在回头来看，当时王小姐得到的那点钱根本就不值一提，但为了这点钱，王小姐竟给自己造成了如此之大的负面影响！所以千万不要怠慢工作中的任何事，即使是很不起眼的小事。

☆……☆……☆……☆……☆……☆……

糊弄工作的人最终会被工作糊弄。工作就像一面镜子，你怠慢它，它就会怠慢你。因此，在你的工作中，没有可以随意怠慢的事情，种下什么种子，将来必定收获什么样的果子。

“什么样的心态造就什么样的人生”，我们以什么样的心态来对待工作，企业就会以什么样的态度对待我们。疏忽、畏难、敷衍、偷懒、轻率，在公司中我们经常听到老板这样批评员工。在一些中小型公司中，由于员工对主动工作的认识不足，成为制约企业发展的最大问题。他们做事总是不用心，对工作能敷衍就敷衍、能应付就应付、能逃避就逃避，老板让怎么做就怎么做，态度十分被动。怀着这样的态度工作，公司效益可想而知。在工作中，我们每个人只有坚持把事情做到位，不糊弄自己，才不会失业，才不会被淘汰。职场中的你，不管从事的是什么工作，在哪个岗位，只有把工作做好了，才是对企业最好的回报。因为每个企业都是一个有组织的机构，而员工是组成这个机构的要素。只有每个员工每天做好工作，才能保障企业的正常运转。“如果大家做得不好，那么，微软离破产就只有15个月！”这就是比尔·盖茨时常告诫员工的话。这听起来有些耸人听闻，然而，仔细品味，确实发人深省！

3. 远离抱怨，以老板的心态对待工作

抱怨就是表达哀伤、痛苦或不满，它是一种有害的情绪。我们身边每天都有不少人，不断地重复着同样的事情：一边与同事抱怨老板，一边漫不经心地做领导布置的任务；忙了一天，却不见任何成效；对手中的工作敷衍塞责，在抱怨的不良状态下感慨着生活和命运的不公。抱怨实在是一件随时都会发生的事情。抱怨会让我们陷入自怨自艾中，掉入泥潭而最终伤人伤己。可以说，抱怨带来的除了烦恼还是烦恼。然而，抱怨能够解决问题吗？抱怨能够帮助你改变现状吗？抱怨能够使你的工作、学业、生意越来越好吗？那是不可能的。一个员工只按照老板的吩咐去做事，以换取薪水，这是不行的。以主人翁态度去对待工作，以准备成为老板的心态去做事，如果有了这样的心态，在工作上一定会有种种新发现，个人也会逐渐成长起来。当你意识到是在为自己努力工作的时候，就不会沉溺在抱怨的负面情绪中，你的世界也会因此而改变。

☆ ☆ ☆ ☆ ☆ ☆

一位纽约的大富翁在回顾自己的成功历程时说，当年，他在一家百货公司的薪水最初只有每月七百美元，后来一下子就涨到了每月一万美元，没过多久，他成为了这家百货公司的合伙人。

刚去公司的时候，他和公司签订了五年的工作合约，约定这五年内薪水保持不变，只有700美元。和他同样情况的员工有的薪水却是他的三倍。他没有抱怨，也没有觉得不公平，因为自己刚入职，有这样的区别可以理解。但他暗下决心：绝不满足于这每月700美元的低微薪水，绝不能就此不思进取。他一定要让老板知道，他绝不比公司中的任何一个人逊色，他是最优秀的人。

他毫无怨言，勤奋工作，认认真真只想着怎样把工作做到最好，工作的质量和效率很快超过了比他更早进公司的员工。三年之后，他已经如鱼得水、游刃有余，以至于另一家公司愿意以三千美元的月薪聘用他。但他没有去，因为合约没到期，他不能失信。"猎头"都忍不住笑他"迂腐"："以你这样强的能力，做出这么多的成绩，却拿这么少的薪资，你真的没有抱怨？""我自己承诺的事情，抱怨什么？"他笑一笑，不过心里还是希望合约到期后找一份待遇更好的工作。

但是，合约没有到期，刚刚四年的时候，公司老板专门找他提前结束了这份合约，并重签了一份每年十万美元高薪的职位，后来他还成为了该公司的合伙人。

老板很清楚，这四年来他所付出的劳动要比他所领的薪水高出数倍，这样忠诚、努力、诚信、踏实、从无怨言的人才，老板怎么舍得让他离开！

☆……☆……☆……☆……☆……☆……

假如他当时为了每月与自己的付出根本不对等的700美元薪水抱怨不已，并因此而消极懈怠，放弃了努力，他会有后来的成就吗？

任何时候抱怨都没有任何用处。与其抱怨，不如努力。然而生活中，我们经常会发现抱怨就像空气一样无处不在。工作不好，抱怨；上司不好，抱怨；下属不好，抱怨；经济不景气，抱怨；生活环境不好，抱怨……可以说，只要有人的地方就有抱怨，这个世界的方方面面，无不处在人们抱怨的唇枪舌剑之下。但结果往往是抱怨不仅伤害别人也伤害自己。正是抱怨，令成千上万的年轻人与成功无缘。他们一边以玩世不恭的态度对待工作，对公司报以冷嘲热讽、频繁跳槽、蔑视敬业精神，消极懒惰，一边却怨天尤人，埋怨自己怀才不遇、生不逢时，这样的人，怎么可能成功？

抱怨就像是长在人身上的一个毒瘤，必须拔掉。对人也好，对事也好，对社会也好，抱怨除了会让事情越来越糟以外，没有任何用处。相反，还会让这种消极的情绪四处蔓延，影响到大家。

季红是某公司的前台，工作比较琐碎。同事们几乎每天都会听到她说这样的话："哎呀，这又是谁啊，拿了抹布也不洗干净！""拖把不知道放在哪儿吗！""每天累死累活的，老板居然对我还是不满意！""要不是我，那么多事谁来做呀？"……

起初大家还会附和一两句，渐渐的所有人都开始对她的抱怨与诉苦感到头疼，有时真想提醒她一句："别说了。"但话到嘴边，碍于情面，只好作罢。季红对此也不是毫无察觉，只是她会回家继续向她的丈夫诉苦："没有人理解我。公司里的人都太坏了，没人体会到我的辛苦付出！"

当一个人喋喋不休地抱怨时，就很容易引起周围人的注意。一旦出现有同感的话题，就会瓦解他人的积极想法，让其他人也情不自禁地加入到抱怨中来。抱怨的负面情绪就会在公司里面四处游走，腐蚀到公司里每一个人的心灵，让整个公司都被这消极的情绪笼罩，大家都变得爱抱怨，不爱努力。很显然，老板最讨厌这样的人。这样的人只会让老板

厌烦，炒之不及，哪里还会想着要聘用他！

以老板的心态工作，站在老板的角度来理解工作，理解一些貌似不太公平不太合理的做法，我们就不会有这么多的抱怨，即便心里有，也会静心忍耐，绝不会让抱怨的情绪在公司里蔓延，影响更多员工的情绪。这样的员工，老板才会欣赏。

4. 抱怨不如改变，生气不如争气

人生有顺境也有逆境，面对挫折，如果只是一味地抱怨、生气，那么你注定永远是个弱者。因此，如果你遭遇了不公平的待遇，如果你在起点落后于他人，别抱怨，用自己的实力去为自己争一口气吧！人类几千年的文明史告诉我们，积极的心态能帮助我们获取健康、幸福和财富。一个事业有成的人，首先是个不急不躁，不怒不气的人。不管遇到任何不顺心的事都能够想得开、忍得住、不生气，这不仅是一种开明、智慧与毅力，而且是一种修养、觉悟和境界。因此，职场中一个好的心态可以使你乐观豁达，一个好的心态可以使你战胜面临的苦难，一个好的心态，可以使你过上真正快乐的生活。

抱怨并不能解决问题，抱怨只能让自己越来越不快乐。抱怨，等于往自己的鞋子里倒水，使行路更难。困难是一回事，抱怨是另外一回事。抱怨除了会失去眼前的短利以外，很多时候不但不能解决问题，还会使问题恶化。俗话说，人生不如意事十之八九，没有人一帆风顺、事事如意，遇到挫折，通过抱怨来宣泄自己的情绪，实际毫无价值。所以在工作中，千万不要抱怨，而应尽力去把它做得很好。正如卡耐基说的这句话:“与其抱怨别人不重视你，不如好好反省自己，不断提高自己的能力。”

阿明在短短一个月的时间内已经连续更换了四次工作，无奈之下只好去求助一位职业咨询师。

“第一家单位的老板太苛刻，脾气太坏，我忍受不了他那张严肃的脸，结果我一气之下就走了!”阿明不无遗憾地说，“不过那里的员工还不错。”

职业咨询师问:“第二家呢?”

“哦，我是一个相对安静的人，我不喜欢吵闹的环境，我上了一周的班，可是那个部门的人太活跃了，我受不了他们的笑声……”

职业咨询师笑了一下，问:“第三家是什么问题?”

“第三家我待的时间比较长，但是我反感在背后说别人坏话的人，我连续听到好几次别人说我清高，可是我不是那样的人，我的情绪受到了干扰，我想换个新的环境。”

“可是我发现第四家的人更难以相处，虽然他们都很安静，但是我觉得似乎也太冷漠了，我去了两天竟然没有人拿正眼看过我……”

职业咨询师把身子向后仰去，说:“你的困难其实很好解决，你只需要明白，你要适应环境，而不是让环境适应你。你要尽量‘合群’，而不是把自己置于群体之外。”

任何一个公司，都可能有苛刻的老板，或者异常活跃的同事，或者在背后抱怨的小人，或者冷漠的人，甚至最糟糕的情况是，这几种人可

能会同时存在，但是你所要做的就是“合群”。你要融进你的工作环境中，要适应同事和周围人的生活习惯，只有这样，你才可以达到最好的工作状态。我们必须知道，抱怨解决不了任何问题，世上没有什么是完美的，所以即使做不到从不抱怨，也应该尽量让自己少一些抱怨。

说到底，抱怨是软弱的表现，是缺乏自信心的结果，它透露着一个人的无能为力和悲观消极，它给人带来精神上的伤害，让人看不到光明，让人心胸变得狭窄，让人在一个狭小的世界里无法自拔。与其到处宣扬自己有多努力，贡献有多大，不如把时间精力花在冷静反思上，想通了原因、想清了对策，领导对你的关注就随之而来。抱怨少一点，成功就近一点。

约翰大学刚毕业，就进入了纽约的一家出版社工作，担任编辑。他的文笔不错，而且工作也非常认真，从而博得了上司和同事们的一致好评。不过，出版社提供给新员工的薪水却比较低。工作了一段时间之后，还是没有涨薪水，于是，新员工里就有人抱怨道：“原以为进入这家出版社能领到丰厚的薪水和福利，没想到薪水这么少！更气愤的是，都快一年了，社里都没有给我们涨薪水的意思。”

不过，约翰并没有参与这种私下里的抱怨。他只是每日里埋头苦干，任劳任怨。因此，有人就笑他傻，领那么点工资，还那么卖命地去工作。但他每次都只是微微一笑，然后又投入到工作中去。

当时，出版社正在进行一系列图书的编辑工作，每个人都被分配了不少任务，个个忙得不可开交。然而，出版社领导并没有增加人手的打算，所以编辑部的人也会被派往发行部去帮忙。不但新员工，就连老员工也对这个决定很不满。结果，整个编辑部只有约翰很乐意地接受了领导的指派，其他人都是去了一两次就开始找理由躲避不去了。

有人偷偷地问约翰：“你整天被指派来指派去地干那么多活，却领那么点薪水，你不觉得太亏吗？要是我，早就不干了！”

约翰哈哈一笑，然后回答说：“愿意多付出，才更容易收获。我觉得多做事对我的成长只有好处，没有坏处。”

两年过去后，和约翰一起进来的新员工，有的已经被辞退了，有的虽然还在编辑部里，但薪水待遇并没有提升多少。约翰呢？他的薪水已经提升了 20 倍，并且担任了第五编辑室的负责人。十年后，他离开了这家出版社，成立了自己的出版公司。再后来，约翰成为了纽约著名的出版家。

约翰没有抱怨，有的只是任劳任怨，最终他用结果向那些抱怨的人证明——一个人抱怨得越多，其获得就越少。一个人每天工作时，都带着抱怨的情绪，怎么能干好工作呢？优秀的人从不抱怨外界环境，他们只想如何改变自己，把工作做到完美，做出更好的结果给老板。所以，与其抱怨，不如改变，不如刻苦努力把自己的工作做到最好，与其生气不如争气，让自己越来越优秀，前途自然也越来越美好。

5. 换工作不如换态度

在现代职场中，跳槽已如家常便饭、屡见不鲜。但工作没有每天都轻松的，企业也没有完美无缺的。一些员工常会犯这样一个毛病，对当

前服务的企业怀着抱怨之心，总是片面地认为当前服务的公司简直“一无是处”，不值得任何留恋。如果持这样的心情换工作，只会让你南辕北辙。因为，幻想着跳到一个新的单位后所有的问题都会迎刃而解，这是一种逃避责任的表现。正确的观念应该是，立足于现实，调整好自己的心态，将现有的工作做得更好。

☆☆☆☆☆☆

吴慧是一所名牌大学新闻专业毕业的高材生。2000年大学毕业之后分配到一家商业银行工作，但很快她就厌倦了严谨重复的工作模式，加之这份工作和自己的专业完全不对口，要是一直干下去的话，吴慧认为自己的大学四年就要白读了。于是她放弃了这份稳定的工作，进了一家报社。由于报社刚刚成立，人少活多，而且管理混乱，很快她就熬不住跳槽去了一家小杂志社。然而就像染上了一种习惯性的疾病一样，在接下去的两年里她一口气换了四家杂志社，但每次都待不久，不是杂志社倒闭了，就是自己厌倦了。如今已经30岁出头，她还在各家广告公司漂着。

☆☆☆☆☆☆

对年轻的职场人来说，因为年轻，想有更好的发展，想拿更高的薪水，于是想通过跳槽来实现自己的目标，这本无可厚非，但什么事都应该有个“度”才行，如果一味地跳槽，而忽视了自身素质的修炼，那么到头来，可能就是得不偿失的结局。像吴慧一样，她工作几年下来，自己跳槽的次数可能连她自己都记不清了，结果呢？30岁出头的人，在别人看来应该正是大展宏图的时候，却还是个普普通通小员工，漂浮不定。

因此，奉劝那些准备换工作的朋友，每一份工作或每一个工作环境都无法尽善尽美，令人称心如意。仔细想想，自己曾经从事过的每一份工作，多少都留下了许多宝贵的经验与资源。例如失败后的沉淀、自我成长的喜悦、温馨的工作伙伴、值得感谢的客户等，这些都是人生中宝贵的财富。当你兴起“另起炉灶”或“此地不留人自有留人处”的念头时，不妨先转换你的思维，以新的角度看工作、看事情，或许离职的想法会就此打消。如果你不能调整自己工作的态度与心情，树立正确的工作观，下一个工作必定又是噩梦的开始。想换工作吗？先换换思维吧！

一般情况下，我们工作不顺心，事业不如意时，常常不知道追根究底，找出自己真正病因所在，总是期待环境或者他人能根据自己的意愿而改变。一旦过高的期望值落空，失望与无助便涌上了心头，情绪则进入低谷，变得十分低落，从而产生转换门庭的想法。对此，研究人员发现，换工作的想法出现的原因不外乎以下几种，看看自己属于哪一种情况，并且对症下药，消除不良心态。转换一下思维，也许你就不会再想着跳槽了。

（1）薪资不理想，不如预期的高。要知道你的薪资待遇往往和你做出的贡献成正比，如果你能长期付出，忠于自己的事业，老板或主管绝对不会视而不见。此外，薪资收入除有形的货币以外，也应算算隐形的收入，譬如良好的人际关系、技能训练和丰富的工作经验等。那么，换个角度想想，你付出的努力到底值多少钱？

（2）才华不能充分地发挥，得不到大家的认可。你对自己的专长和兴趣了解吗？在现在的公司究竟还有没有发展空间？对于这些问题，你不仅要认真反省自己，也要和老板多多沟通。“天生我才必有用”这句话的确不错，但是要做到适才适用，必须和老板共同努力才能实现。人有多方面的天赋，做一行爱一行，用心做好每一件事，才能找到更多发展的机会。

（3）对老板的管理方式有不一致的看法。仔细想一想，这种分歧

多半并非老板的原因，也可能是自己太固执己见，也可能是自己没有充分表达自己的想法。站在老板的角度，更全面思考公司的发展问题，也许视野会更开阔些，也许能看到许多现实的问题。如果还不能说服自己，那么试着去适应公司的发展规划，适应公司的文化和老板的作风，等待更好的时机来表达自己的意见。

（4）经常加班，工作时间太长。先问问自己，究竟是工作效率太低，还是业务量过重？如果是前者，那么正确的态度是努力提高自己的技能，更加投入地学习和自我提升。如果是后者，则应该主动地寻求老板的支持，并且能提出具体的解决方法，而不是逃避。

（5）和同事相处不融洽，职场气氛不热烈。想一想，究竟是自己太褊狭，还是整个公司的工作氛围太差？如果不从心理上解决问题，到任何公司都会感觉到压抑。遇到与老板和同事之间关系紧张时，不要总是站在自己的角度去思考，凡事换个角度想一想，就能看到另一片天空。试一试用自己的宽容大度和幽默来改善工作气氛吧！

（6）培训教育不足，无法学到更多的东西。一个充满挑战性的工作，压力必然很大。在工作中是否能获得长进，培训和教育并非必要，而往往取决于你的态度。一个优秀的老板、一群和睦相处的同事，可能比死板的教育训练让你获益更多。

（7）不能得到升迁，有才无处施展。最近公司有没有人获得升迁？究竟是老板任人唯亲，还是你的能力不佳？不要嫉妒他人，先入为主地认为他人的升迁不过是靠关系、拍马屁，要努力去发现那些自己所不具备的优秀的品质和卓越的能力，并对照自己的问题不断改正。

（8）交通不方便，来回路程长。可以早点起床吗？可以改变晚睡的习惯吗？每个人都有惰性，但在工作上，只有勤劳才会有收获，这是一个最基本的成功法则。令人奇怪的是，许多人不是以工作为中心来转换居住地点，而是以自己的居住地为中心来寻找工作。

（9）行业前景不乐观，为未来发展担忧。俗话说，景气时有赔钱的公司，不景气时也有赚钱的公司。公司或行业的前景需要专业而冷静的判断，而不要当成逃避责任和压力的借口。多问问自己是否累积了足够的专业技能。往往在经济衰退、公司经营业绩不佳时，最能体现员工的能力和忠诚度。

重新审视一下自己，找到想换工作的真正原因，全面分析自己的现状，转换一下自己的思维，或许你会有新的决定。

6. 懂得知足，用感恩化解抱怨

生活中我们总是在考虑自己并未得到的东西，却往往忽略已经拥有的。人生是否快乐，关键看你是否知足。知足就是对现有的生活或者状态感到满足，不去刻意地和别人盲目攀比，时刻保持一种平和的心态。但现实生活中，我们却总是“在这山望着那山高，在那山又觉得这山耸”，殊不知，其实两座山是一样的，只是自己永不知足的心在作怪罢了。这种人永远不能得到满足，快乐也就不会光顾他们。

有个人得到了一张藏宝图，图上指出在密林深处有足以让所有人心动的宝藏。这个人立刻准备好了一切用具，甚至不忘带上四个大口袋来装那些“即将到手”的宝物。一切就绪后，他进入那片密林，找到了第一份宝藏。在看到那些金子的时候，他被眼前的金光灿烂震撼到了。他马上掏出袋子，把看到

的所有金币都装进了口袋。等他离开这个地方的时候，看见门上写着一行字:“知足常乐。”

“知足常乐”的警示并没有让这个人警醒，他想:才挖第一份宝藏就知足？怎么可能？扛着大袋子来到了第二个宝藏处，里面储藏的是堆积如山的金条。这个人依旧把所有的金条放进了袋子，当他拿起最后一条时，上面刻着:“适可而止。”他犹豫了一刹那，还是毅然向第三个藏宝地走去。

第三个藏宝的地方有一块磐石般大小的钻石，发出耀眼的光芒。下面有一个大牌子上面写着：“小心，贪心只会让你掉下深渊!”但钻石的光芒太亮了，他根本没有去想这个牌子上的警示，跑过去取钻石。但他的手刚摸到钻石，钻石忽然下坠，他和他所有的宝藏也随之一起坠下了万丈深渊!

☆……☆……☆……☆……☆……☆……

做人要懂得知足，莫要贪恋太多。人的欲望是无穷的，就像一个永远也填不满的无底洞，如果人们总是为了名、为了利而奔波劳碌，为了钱、为了权而日夜烦恼，让种种不断攀升的欲望，驱使着我们努力去工作，去赚钱，结果只能是生活节奏越来越快，钱也越来越多，但是我们也陷入了一个越来越深的痛苦深渊，到最后不仅快乐不会如期到来，反而会沦为欲望的奴隶。所以，永无止境的欲望就像是一碗致命的毒药，无论谁喝了都无药可医。对此，要学会知足。一个懂得知足的人心中常常充满了美好，他会感激一切给过他帮助和支持的人和事，并将感恩深藏于心。要保持一种知足的心态，正确地看待自己，宽容地对待别人，努力与周围的环境保持和谐。人生活在社会中，自然要与他人、与社会发生这样那样的联系，这就有一个以什么样的心态和方式去做人做事的问题。一个人如果能够保持知足的心态，就能不被物欲束缚住心灵，不被狭隘遮挡住视线，妥善处理方方面面的关系，更好地做事，实现自己的人生价值。

传说，有个寺院的住持，给寺院里立下了一个特别的规矩：每到年底，寺里的和尚都要面对住持说两个字。第一年年底，住持问新和尚心里最想说什么，新和尚说："床硬。"第二年年底，住持又问新和尚心里最想说什么，新和尚说："食劣。"第三年年底，新和尚没等住持提问，就说："告辞。"住持望着新和尚的背影自言自语地说："心中有魔，难成正果，可惜！可惜！"

住持说的"魔"，就是新和尚心里无尽的抱怨。这个新和尚只考虑自己要什么，却从来没有想过别人给过他什么。像新和尚这样的人在现实生活中很多，他们这也看不惯，那也不如意，怨气冲天，牢骚满腹，总觉得别人欠他的，社会欠他的，从来感觉不到别人和社会对他的生活的积极影响。这种人心里只会产生抱怨，不会心生感恩。

感恩是一种可贵的美好心态，它代表一种积极的人生态度。因为对生活心存感激，所以心中时常保持一份欣喜与热爱。因为对生活心存感激，所以能时刻用心底的一缕阳光将别人从阴霾中拉出，让快乐在身边流淌。为生活中的每一份拥有而感恩，能让我们知足常乐。感恩让我们更懂得享受自己的拥有，更加热爱生活带给我们的幸福。学会感恩，就能怡然自得地面对生活，永不放弃。一个心中不知感恩的人，是永不会满足的人，也是一个不懂得珍惜现在的人。怨天尤人是他们的习惯，嫉妒是他们内心的火焰，他们整天被怨恨的情绪所侵蚀，搞得自己痛苦不堪。

两个去世的人一起去见上帝，想要问上天堂的路怎么走。

路途遥远，他们见到上帝的时候都已经饥肠辘辘了。上帝见两个人饥饿难忍，就给他们每人一份食物。一个人接过食物，很感激，连声说："谢谢，谢谢！"另一个人接过食物，无动于衷，仿佛就该给他似的。之后，上帝只让那个说"谢谢"的人上了天堂，另一个则被拒之门外。

被拒之门外的人不服："我不就是忘了说句'谢谢'吗？"上帝说："不是忘了。是没有感恩的心，就说不出谢谢的话；不知道感恩的人，就不知道爱别人且也得不到别人的爱。"那个人还是不服："少说一句'谢谢'，差别也不能这么大啊？"上帝又说："这没有办法，上天堂的门只有用感恩的心才能打开。"

☆……☆……☆……☆……☆……☆……

拥有一颗感恩的心是一个人事业成功的起点。做人要学会感恩，懂得感恩，时时用一颗感恩的心来对待周遭的一切，更要懂得珍惜，珍惜拥有的一切，珍惜亲人、珍惜朋友、珍惜每一件值得珍惜的事。心怀感恩，生活会是一朵永不凋谢的花；懂得珍惜，幸福也就常常不期而至。因为感恩，人与人之间的距离越来越近；因为感恩，世界变成了爱的海洋。

员工只有懂得感恩，才能更加珍惜现在所拥有的一切，才能更加谦卑地工作，才能充满激情地工作。心怀感恩的员工明白：我工作并不是因为老板让我这么做，也不是因为我这么做就能得到多少好处，只是因为我内心有着感恩之情，我应该这么去做。正是因为有了这样没有理由和条件的驱动力，才会彻底告别抱怨，才会更加积极主动，工作起来总是那么激情四射，工作的效率当然也会更高。

第二章　忠诚敬业，你不是为老板打工而是为自己奋斗

公司是一个所有人追求成功的平台！你不是在为老板打工，而是在为自己的将来打工，是给自己累积经验和财富。学会重视这个平台，尊重你的老板，全身心投入，不计较个人得失，以公司大局为重，迟早有一天，你会是公司最重要的那个人！

1. 忠诚是一个人的立业之基

忠诚是职场中最值得重视的美德，是一个人的基本品格。忠诚不仅是一种品德，更是一种能力，而且是其他能力的统帅和灵魂。忠诚是一个人成功的前提，无论你在什么岗位，都需要忠诚。老板对员工忠诚，就会赢得大家的拥护和爱戴，使公司具有向心力、凝聚力，进而就有竞争力；员工对老板忠诚，就会得到重用，才华才能充分地发挥。因此，忠诚是人类最宝贵的品质，是无价之宝。

在对一些世界著名企业家的调查中，当问到“您认为员工应具备的最重要的品质是什么”时，他们无一例外地选择了忠诚。老板需要忠诚的员工，它体现了最珍贵的情感和行为的付出。因为对企业的忠诚，员工才愿意尽心尽力、尽职尽责地为企业服务，并敢于承担一切。在任何时候，忠诚都是企业生存和发展的精神支柱，都是企业的生存之本。

南京一公司招聘设计师时，对前来面试的应聘者提出的唯一问题是：说说三国关羽的故事和所受的启发。很多应聘者心里疑云重重：设计师的水平和关羽的故事之间有什么联系呢？

公司负责人王经理称，此举是想考查应聘的员工是否对公司忠诚。他从小就喜欢读《三国演义》，尤其崇拜关羽。关羽自古以来都被当作忠诚的化身。关羽说过：“义不负心，忠不

顾死。”所谓忠义，就是员工的忠诚度。正是因为这种纯粹的忠诚度，让以刘备为首的兄弟们组成了当时最有凝聚力的一支团队。

公司负责人王经理认为现代社会的企业员工也要学习关羽。员工们的频繁跳槽对公司的影响太大了，自己公司还是小企业，在刚开始发展时不能因为员工跳槽问题带来混乱，所以在选择员工时第一要求就是忠诚。

☆……☆……☆……☆……☆……☆……

忠诚是一个员工立身做人的根本准则！每个老板都会忠诚于自己的事业，这一点是毋庸置疑的。他会将忠诚定位为公司的核心精神。一个职场人如果没有忠诚度，背叛自己的企业，别说成就自己的事业，就连生存都可能出现问题。不忠带来的是一生都无法抹去的污点，这样的员工最终会被企业抛弃，从而断送自己的职业前程。

……☆……☆……☆……☆……☆……☆

黄小明是一家网络公司的技术部经理，年轻有为，而且做事果断，有魄力，老板很器重他。一天，有一位相识的日本商人请他到酒吧喝酒。几杯酒下肚，日本商人一本正经地对他说:“老弟，我想请你帮个忙。”

黄小明一边喝酒一边很轻松地说道:“帮什么忙啊?”

日本商人说:“最近我准备同你们公司洽谈一个合作项目。如果你能把相关的技术资料提供给我一份，就是帮了我的大忙啊。”

“什么？你让我做泄露公司机密的事?”黄小明皱起了眉头。

日本商人压低声音说:“老弟，你帮我忙，我是不会亏待你的。如果成功了，我给你50万元的报酬。这事只有天知、地知、你知、我知，对你没一点影响。”说着，日本商人把50

万元的支票塞到黄小明手里。

看着支票，黄小明心动了，不由自主地收了起来。第二天，他给日本商人提供了一份公司刚刚研发成功的技术资料。结果可想而知，没了底牌，在谈判中黄小明所在的公司一直处于被动，整个项目谈成后损失了上千万元。一年后，日本商人无意间说漏了嘴，公司老板知道了这件事，于是毫不犹豫地将黄小明辞退了。黄小明由于出卖了企业再也没有人愿意用他。

在这个世界上，并不缺乏有能力的人，但那种有能力又忠诚的人，才是一个顶级企业所需要的最理想的人才。更多的时候人们宁愿信任一个能力差一些却足够忠诚敬业的人，而不愿重用一个朝三暮四，缺乏忠诚的人，哪怕他再能力非凡也不行。一个对公司缺乏忠诚的员工，面对利益的诱惑时，他会置公司的利益和职业道德于不顾，出卖公司的机密。这样的员工，即使具有非凡的能力，又有哪个公司敢重用呢？

忠诚是员工在职场上最好的名片。忠诚，不仅体现在大是大非上，还体现在细枝末节中。忠诚的员工，对企业忠心耿耿，热爱企业、维护企业的利益，千方百计为企业出谋划策，竭尽全力为企业节约每一分钱，绝不会做任何损害企业利益的事情，哪怕一丝一毫、一针一线。

2014 年 5 月，南京某单位丢失一放射源，而这种看起来像白金一样亮闪闪的物质属于强辐射金属物质铱－192，公众一旦接触，可能会引起辐射伤害，急性期症状主要是神经和胃肠道功能改变，表现为乏力、不适、食欲减退等；受照剂量较

大的，表现为头晕、恶心、呕吐、白细胞减少、淋巴细胞绝对值下降；如果局部照射时间较长，皮肤会呈焦样改变。最终查清，竟然是一位工人误以为这亮闪闪的金属很贵重、很值钱，于是下班时就揣了一根出了门，还将其装在上衣口袋里！受到了很大的辐射伤害！本以为捡个宝，没想到是个祸害。

古话说“贪小便宜吃大亏”，这对于有些贪小便宜的员工来说，再恰当不过。有些员工就爱占点小便宜，经常会顺手捎带着拿走公司的本子、笔、纸张、私用公司电话、虚报发票，有的甚至拿走公司设备、产品、技术等。严重者贪污公司钱财，收取商业贿赂，非法转移公司财产。这都是损害企业的行为，都是不忠诚的表现。爱贪点小便宜的员工，觉得公司那么大，我拿几张纸、捡几颗钉子，算个什么？有的员工会趁工作之便，偷偷地把鼠标垫、文具等带回家，还沾沾自喜，认为自己占了便宜。实际上这种行为不仅使自己德行有污，也损害了公司的利益。或许你会认为，这么一点能损害公司什么利益呢？但如果人人都这样，你拿一张纸我拿一颗钉子，那么再大的企业也禁不住这样天长日久地“拿”。要把企业当家一样，热爱它，维护它，这样，企业这个大家才能兴旺起来。

忠诚是一个员工的立业之基、成事之本，别以为贪点小便宜没关系，这种对企业不忠诚的行为没有哪个企业可以容忍。一个忠诚的员工，不管对大是大非还是对细枝末节都不会改变立场，这样的员工才是企业最需要的员工，也是最有前途的员工。

2. 忠于老板才能成就自己

许多职场中人，特别是一些职场新人，他们把忠诚看成是管理者愚弄下属的工具，认为灌输忠诚思想的受益者是企业和老板。其实不然，有位成功者说："自身价值的创造和实现依赖于忠诚。"忠诚铸就信赖，而信赖铸就成功，一旦养成忠诚的习惯，就能主动对老板与企业负责，面对引诱不为所动，对于工作忠于职守，认真负责，这样就能让自己的有限资源发挥出创造无限价值的能力，从而争取到成功的砝码。老板也会对你重视，会投入精力和资本培训你、重用你、提拔你。这样你也就永远无须担心有一天会失业。所以，忠诚就是一种安全有益的职业生存方式。

忠诚，是做间谍的第一条件。《潜伏》是一部优秀的、以忠诚为主题的谍战作品。剧中曲折动人的故事情节极大地吸引了观众的眼球，而主人公对自己所肩负使命的忠诚更是令人钦佩。

《潜伏》的故事发生在特殊的环境、特殊的背景下，主人公余则成是一个一生为革命事业奋斗的地下工作者。他秘密工作在国民党机要部门，冒着生命危险，放弃个人感情，全身心地投入到党的谍报工作，为党的事业立下了汗马功劳。他忠贞不渝、坚韧不拔、临危不惧、机智灵活、自我克制的伟大精神值得我们学习。潜伏是余则成的工作，他用忠诚证明了自己是

值得信赖的，也是值得尊敬的。

余则成就是千千万万个“虎穴忠魂”的代表。他忠诚于自己的使命和责任，为了信仰甘于默默无闻地为之奋斗。“对党绝对忠诚，精明强干”，这是人们对主人公余则成的至高评语。

☆……☆……☆……☆……☆……☆……

或许在今天，“潜伏”对于我们来说，只是电影中的事情。但忠诚，却时时刻刻在我们的身边。不管你做什么工作，在哪个单位，有什么样的老板，忠诚永远是比能力更重要的、更受老板关注的职业品质。忠诚胜于能力，胜于一切。老板愿意聘用的、信任的，永远都是忠诚可靠的人。

企业提供的工作机会往往偏爱高度忠诚的人，而一个人要想在一家企业获得成功，首先必须做一个忠诚的人。一个人的能力是成功的资本但不是决定性因素。即使有的人自认为才华卓越，但如果没有忠诚的维系，他不会投入所有的精力，也不会尽心尽力、尽职尽责。因此，员工如果想在工作中有所作为，得到上司或老板的信任，忠诚是唯一的捷径。

忠于老板忠于自己，是员工成功的关键。职场中，老板们都希望自己的员工是公司不可或缺的人才，换句话说就是希望自己的员工都是为公司所用的人，而不是白白的领公司薪水的闲人。事实上要成为公司老板欣赏的得力干将，首先忠于本职工作，踏踏实实、尽职尽责地工作，对工作充满热情，不为错误找借口，多为困难找方法。这不需要你有爱因斯坦的智商，也不需要你能说会道，要的就是你那颗真诚对待工作的心，这足以让老板为之心动。

……☆……☆……☆……☆……☆……☆

一次，马耳他王国有位王子深夜从外地办完事回王宫，看到侍候自己穿鞋的一个仆人正紧紧地抱着自己的一双拖鞋睡觉，他上去想把那双拖鞋拽出来，却把仆人惊醒了，仆人赶紧过来帮他换鞋。这件事给这位王子留下了很深的印象，他立即得出结论：对小事都如此小心的人一定很忠诚，可以委以重任，所以他便把那个仆人升为自己的贴身侍卫。结果证明这位王子的判断是正确的。那个年轻人在工作中勤于思考，忠心办事很快升任了侍卫长，最后当上了马耳他的军队司令。

忠诚的人容易获得老板的信任和支持，也值得老板对他委以重任，因此忠诚的人更容易获得成功的机会。忠诚的人不管自己是否总在一家公司供职，不管自己将来是否要调换部门，他们都能冷静地对待自己的工作，尽职尽责。来到这个世界上，每一个人都不可能独自存在，而总是和各种各样的人，以及各种各样的组织和团队发生关系。你必须同与你有关的人、组织、团队建立好信任关系，忠诚于对方，否则，就实现不了共赢的目标。

对我们而言，忠诚就是成功的通行证。曾有人对上百家企业进行过深入的研究，目的就是想知道什么因素让一个员工受到老板的重用。结果是，忠诚决定了一个员工在企业的地位，以及受到老板重用的可能性。在企业里升职最快的往往不是能力最强的人，而是那些既有能力又足够忠诚的人，他们的能力得到老板的赏识，他们因为忠诚而受到老板的信任，因此，在有职位空缺的时候，老板首先想到的是他们。

员工对公司忠诚，实际上就是一种对职业的忠诚，一种对承担或从事某一种职业的责任感和使命感。现在社会上有些人有这样一种想法：公司如果多发工资的话，我肯定勤奋努力地工作。有这种想法的人是永远都不可能在工作中取得成功的，因为他不具备对企业最基本的忠诚，做事也缺乏尽职尽责的心态。员工要明白，忠诚并不是为了增加自己回

报的砝码。如果是这样的话，就是一种交换，而不是忠诚了。

当然，忠诚不是一种纯粹的付出，忠诚会有回报。忠诚能给一名员工带来巨大的收益，包括金钱方面，更包括自己的职业生涯方面。企业不仅仅是老板的，它同时也属于每个员工。忠诚的确是老板的需要，企业的需要，但它更是你自己的需要，你得依靠忠诚立足于社会。你才是忠诚的最大受益人。虽然，你通过忠诚工作创造的价值中的大部分并不属于你个人，但通过忠诚工作造就的优良品质却完全属于你。因此，你在工作中更具竞争力，你的名字因此更具有含金量。

3.以身作则，干一行爱一行

干一行爱一行是一种优秀的职业品质。一个人只有在一个行业领域不断地钻研、进取，才能在这个行业里做得更好，做得更具特色，更具专业水准。这不仅是职业的原则，也是人生的信条。试想，一个人连自己的工作都不热爱，又怎么能做好自己的工作呢？

只有干一行爱一行，真正沉下心去，才能做出成绩。

全国劳动模范窦铁成只有初中学历，但他凭着自己的努力，最终成长为“企业的王牌员工”，被认可是现代产业工人的楷模。在铁路电气和变配电施工的技术方面，窦铁成被称为“问题终端解决机”。许多问题，他不需要去现场，只要听人讲解大概情况，就能很快找出“症结”所在。窦铁成能练成这样“出神入化”的技术本领，与他的干一行、爱一行、通一行的努力与刻苦是分不开的。窦铁成坚信一个人可以没有文凭，但不能没有知识和技能，参加工作后不久，窦铁成买来《高等数学》《电工学》《电磁学》《电子技术》《电机学》等书籍，开始了艰难的自学。60 多本、百余万字的工作学习日记是他孜孜不倦学习的见证。从一个普通的电工成长为高级技师，其间付出多少努力，也许只有窦铁成自己才清楚。

2006 年 7 月，窦铁成参加浙赣铁路板杉铺牵引变电所施工工程。这个变电所是浙赣铁路规模最大、技术含量最高的变电所。施工过程中，变电所的变压器引入导线设计要求为铜板双导线，但国内没有这种产品，交工日期已经逼近，大家把目光投向了老窦。连续五个晚上，他在宿舍写写算算，反复推敲。五天后，“简化结构，保证功能”的产品加工方案“出炉”：利用现场既有的铜排、铜螺栓等材料，加工制作出符合技术和功能要求的全铜间隔棒，完全达到技术指标。后来，该技术在 900 多公里的浙赣线电气化改造工程中迅速推广，节约成本四倍多。由他负责安装的 45 个铁路变配电所，全部一次性验收通过，一次性送电成功，获得“优质工程”称号。参加工作 30 年间，他提出实施设计变更、解决技术难题、排除送电运行故障，为企业挽回经济损失及节约成本 1300 多万元。从一名只有初中文化的农村青年，成长为给企业创造上千万元效益的电力专家，窦铁成以 30 年的不懈努力，实现了人生的跨越。

职场中的每个员工都应该向窦铁成学习，做一名干一行爱一行的员工。在工作中，干一行爱一行实质上就是一种对事业高度负责的精神，

它不仅是工作作风的内在要求，更是精神和人格魅力的外在表现。只有员工责任心强了，企业的战斗力和竞争力才能够得到有效提升。社会上许多知名的企业家和优秀的职场精英，他们也许没有上过大学，却做出了非凡的贡献，甚至取得了超出常人的成就。原因何在？就在于他们在工作中干一行爱一行。对他们来说，工作岗位就是大学，岗位正是自己获得不断进步和提高的支点。因为在学校学习的多为理论性知识，缺乏实践的指导性，参加了工作才知道一切还需从零开始，每一个岗位都是学习的良好机会。假若你学有所成，并在自己的工作中表现出来，必然会受到企业的注意和重用。所以，我们要干一行爱一行。

干一行爱一行，就得干出个名堂；干一行爱一行，我们也能实现梦想！每一行都有其苦与乐，除非你实在厌恶了某个行业，否则最好不要轻易转行，因为这样会中断你学习成长的机会。唯有把那份工作当作一种不可推卸的责任担在肩头，全身心地投入其中，才是正确与明智的选择。

4. 立足本职，在工作上严格要求自己

一个人对待工作的态度不同，取得的结果亦不同。不管你现在身居何职，从事着什么样的工作，在工作中，拿出你的责任心和认真负责的态度把工作做到精益求精，这将是你迈向更高起点的保证。

记得在一本杂志上看到过一段发人深省的对话。在中国

"神五"载人飞船发射成功，中国人几千年的飞天梦想终成现实时，一位美国人对中国的一位管理大师讲："你们中国人非常了不起！但我不明白，你们中国人能将载人飞船送入太空并安全返回，为什么经常连一个简单的螺丝钉都做不好呢？"

那位大师的回答是："中华民族是非常优秀的民族，只要一咬牙，就没有做不到的事情，不过在做螺丝钉的时候忘了咬牙。"

管理大师充满智慧的回答既道出了中国人只要集中精力，团结起来就能办大事的长处，又点出了我们做事马马虎虎的短处。实际上做不好一个简单螺丝钉的原因有两个：一是没有高标准；二是态度有问题。有了标准，却没有严格按标准行事，没有严要求，所以才会导致一些细节的忽略。

高标准，主要是对工作目标的要求。我们讲工作要高标准，就是把工作的起点、过程和所要达到的最终效果，定位在现有条件能够达到的最高和最好的程度。对工作标准问题，历来有这几种态度：一是满足过去，工作就低不就高，讲条件找理由，应付对付；二是实行中庸之道，目标既不高也不低，讲究随大流，不求有功但求无过；三是适当攀高，标准能够达到更好但不追求更好，留有余地；四是高标定位，主动挑战自我，主动自我加压，主动瞄准一流目标。显然，只有第四种态度才是坚持高标准的体现。

高标准并非高不可攀，但也不是伸手可及的。只要我们严格要求并付出艰苦的努力就可达到。

有这样一个故事，讲的是美国空军在向供应商订购降落伞时，供应商只能保证降落伞合格率达到99.9%，这意味着

1000 名空降兵中就要有一名可能因为降落伞无法打开而遇到危险。虽然空军一再要求合格率要达到 100%，但是供应商强调按照制作标准，合格率最高只能达到 99.9%。后来美国空军在与供应商的谈判过程中提出，可以接受降落伞合格率只有 99.9%这一标准，但要求在每次供货验收时，供应商必须随机挑选一个降落伞从飞机上跳下去做实验。这一要求提出后，供应商立即采取措施，把降落伞的合格率提高到了 100%。

这个故事告诉我们，没有对完美的追求，就不会有完美的结果。获得成功的方法只有一个，就是以高标准来要求自己。只有以高标准来要求自己，才能锻造一个人的品格，充分地发展他的特性。

所以，在职场上要严格要求自己，做好每一项工作。不论多么细小的事情，都应该要求自己全力以赴，务求做得最好，这样，你的生活就会变得开阔和充实，你的价值也将逐步提升。

5. 工作时间让私事靠边站

不利用上班的时间做私人的事情，是最基本的职业道德。公事和私事要分开，尽量不要把自己的私事带进办公室。必要的时候可以告诉亲戚朋友，让他们尽量不要在上班时间把私人电话打进办公室。这些看似是小事，却会成为影响员工发展甚至影响企业发展的大事。试想，如果公司里的员工上班时都在干私事，那公司会有什么业绩？一个员工整天干私事，又何谈忠诚，何谈敬业，何谈为企业奉献？可以肯定这样的员工是没有好前途的。

格瑞是美国一家超级大公司的部门负责人，事业前景一片光明。但就在那个秋季的一天下午，他犯了一个无法挽回的错误——擅自离岗半小时，并由此影响了他一生的职业发展走向。

一天下午，格瑞实在经不住正如火如荼进行的欧洲杯足球赛的诱惑，处理完所有的事情后，他偷偷地离开办公室，找到一个有电视的房间，尽情地欣赏起自己喜爱的球队的精彩表演。半小时后，他惬意地赶回自己的办公室，似乎一切正常。蓦然，他被桌子上的一张纸条惊呆了，上面写道：格瑞先生，既然你那么喜欢足球，我看你还是回家尽情去欣赏好了。上面是他熟悉的签名——公司老板威廉·斯通。

原来，就在格瑞刚刚离开办公室10分钟时，平时不曾到下面各部门走动的老板，很随意地走进了他的办公室，并在他的办公桌前坐了10分钟，却一直未见他的影子。一问，才知道他居然在上班时间去看足球赛去了！老板勃然大怒，毅然辞掉了这位很有潜能的中层管理者。

中年失业的格瑞后来又辗转应聘了几家公司，但始终未能找到适合自己的位置，收入每况愈下，生活日渐潦倒。后来，竟长时间失业在家。格瑞只能借酒消愁，深深地懊悔当年的那次擅自离岗。

上班时间不做私事，这是公司对每一位员工最起码的要求。如果一个人在办公室里打私人电话，发私人传真或因私事上网，甚至织毛衣，接待私人来客等，公司还如何发展？实际上，上班时间“偷偷懒”已

经成为很多员工的劣习。一家企业薪资调查公司最近展开的调查显示，有六成员工承认曾在工作时偷懒，而34%的受访者最常做的就是上网。他们提出的理由是：太闷、工作时间太长、薪金太低或工作没有挑战性。

这些能成为自己上班时分心干私事的理由吗？这只会让我们的工作效率大大降低，工作主动性减弱，执行不到位，事情没结果。最终的结局，不仅没法升职加薪，只怕连职位也难以保住。

职场上风云万变，上班时间，不要安排处理私事时间，特殊情况须提前向老板请示。无论你的心情好与坏，千万要记住不能把情绪带到工作中，更别把私事带进来。对待工作，我们绝不能犯功利主义的错误，而是要立足长远，为长远目标而努力付出。

☆☆☆☆☆☆

每当股市火爆的时候，杀入股市的新生力量中就有不少是职场中人。于是，上班时间，电脑的主页变成了证券之星，电话聊天主题离不开“买了吗”“买什么”之类的询问。小李在一家网络公司上班，平时总是羡慕谁的收入高，谁的赚钱门道多，就盘算着自己怎样也能赚些外快。这一阵子，股市行情节节攀升，炒股风气高涨，小李的一位朋友就趁此机会大赚了一笔，还鼓动小李也投身股市。于是，小李整日沉浸在股票的涨涨跌跌中，上班的时候也念念不忘，有时就忍不住偷偷上网查看一下股票行情。小李心里也很清楚：在上班时间干私活是违反公司制度的。但他心存侥幸，心想：只要不被老板发现，就没什么大不了的。他自以为警惕性很高，一见老板向他这边走来，就迅速地将电脑画面切换到要交付的任务上去。老板最近几天都没有出现在公司，小李以为老板一定是出差办事了，就更加放心大胆地忙活开了。谁知当他做得正起劲的时候，忽然瞥见老板在背后冷冷地看着他，小李的心里不由升起一种不寒而栗的感觉。老板什么话也没说，转身离开了。等小李做完了手头的工作，老板便通知他去财务部那儿领了最后的薪水，并告诉他，以后可以不用再做“地下工作者”了。

☆……☆……☆……☆……☆……☆……

工作的重要责任就是尽力将工作做好，所以不要让自己的私事影响工作。因为公司是讲求效益的地方，任何投入必须紧紧围绕着产出来进行。工作时处理私人事务，无疑是在浪费公司的资源和时间。这本身就是有违职业道德的行为。因此，要想在竞争中脱颖而出，就必须在工作时间不要做与工作无关的事。

公私不分，工作时间处理私人事务，既影响你的工作质量，也直接影响了你在老板心目中的形象。当然，在工作中，我们可能不可避免地要受到私事的影响，那么我们该如何做到工作和私事分开呢？下面几个方法可以借鉴：

（1）尽量缩短和减少在工作中处理私事的时间，比如有朋友因急事找你，那么你应该简明扼要地将问题交代清楚，不要家长里短地说一大堆。

（2）尽量把私事安排在休息时间处理。每个人在工作期间难免会受到私事的影响，遇到这种情况，就应该自行安排在休息时间处理。不过，需要注意的是，即便是在休息时间，也尽量不要让自己的私事影响到同事。

（3）不要把私人物品放在办公室里。在办公室里，除了雨具、备用的衣服、餐具、小镜子、梳子等必备品外，不要把其他的私人用品放在办公室里。不仅不应该在公用的橱柜里放置私人用品，也尽量不要在办公室的抽屉放置过多的私人物品，否则，你很容易给人留下不好的印象，上司甚至可能觉得你并没有把办公室当作工作场所。

此外，拿着公司的报酬在上班时间偷偷干私活，更是令老板们无法接受的行为。这些员工将一部分甚至是大部分心思都用在了赚外快上，而忽视了自己的本职工作。时间久了，自然会因为在本职工作上做不出成绩而被公司裁掉。

6. 全身心投入，做好每一件事

一个人无论身居何处，无论从事何种职业，都要全身心投入其中，尽自己最大的努力，不断地进步。这不仅是工作的准则，也是人生的准则。杰克·韦尔奇用20年的时间为美国通用电气公司创造了数不清的辉煌与奇迹，被业界誉为全球第一CEO，像超级明星般被持续追捧，他认为："干事业实际上并不依靠过人的智慧，关键在于你能否全身心投入，并且不怕辛苦。"华人首富李嘉诚观点类似："做生意不需要学历，重要的是全身心投入。"

☆ ☆ ☆ ☆ ☆ ☆

一天，猎人带着猎狗去打猎。不久，猎人一枪打中一只兔子的后腿，兔子受伤后开始拼命地逃跑。猎狗在猎人的指示下也是飞奔而出，去追赶兔子。可是追着追着，兔子不见了，猎狗只好悻悻地回到猎人身边。

猎人开始骂猎狗了："你真没用，连一只受伤的兔子都追不到。"

猎狗听了很不服气地回答："我已经尽力去追了啊。"

受伤的兔子终于跑回洞里，它的兄弟们都围过来惊讶地问它："那只猎狗平时很凶啊，你又受了伤，怎么跑得过它的？"

受伤的兔子回答道："它是尽力追我，我是全力以赴地逃啊。它没追上我，最多挨一顿骂，而我若不全力以赴的话，我可就会没命了！"

☆……☆……☆……☆……☆……☆……

全力以赴，才是我们激发所有潜能、把工作做到最好的态度。人本来是有很多潜能的，但是往往会为自己找借口："管它呢，我已尽力而为了。"事实上尽力而为是远远不够的，尤其是在这个竞争激烈的年代，每一个员工都要时常问问自己："我今天是尽力而为的猎狗，还是全力以赴的兔子？"

……☆……☆……☆……☆……☆……☆

李骏是新中国培养的第一代汽车发动机博士。李骏完成博士学业后，主动要求到一汽工作。一汽的技术中心虽然是国内汽车行业中的一流研究所，但发动机基础技术研究却很薄弱，如果基础研究跟不上应用技术的开发，那么失去的不仅是一汽产品的后劲，还有中国汽车工业的未来。

于是，李骏义无反顾地选择了基础研究，一干就是十年。他到技术中心的第一件事就是建立发动机单缸机试验室。为了使试验室早日建成，他有时光着膀子和工人在燥热的工作现场连续工作十几个小时，经常被喷得满身机油。有人对他说："你是技术中心唯一的博士，用得着这么干吗？"李骏说："为了加快进度，只能这样干。"

有一年春节，大年三十的下午，其他办公室、试验室的人都回家了，李骏还在机器轰鸣的现场忙碌着。中心领导在巡视检查时看到满身油污的李骏，心疼地说："平时加班我不说你，

今天可是过年啊！”李骏这时才想起妻子让他今天早回家的嘱咐。

就是在这样的工作激情下，经过一年多的艰苦努力，仅花了很少的资金，李骏就建成了当时国内最先进的发动机单缸机试验室。

☆······☆······☆······☆······☆······☆······

全身心投入工作，是一种付出，一种奉献，甚至可能是一种牺牲。一个人如果不能全身心投入自己的事业中去，而只是企盼好运从天而降，那么，在他年老回首往事的时候就会为今生的碌碌无为而悔恨。无论你从事什么工作，都要全身心地投入，千万不要当一天和尚撞一天钟。工作松松散散的人，不论在什么领域，都不会取得真正的成功。要成功、要做出骄人的成绩，要成就事业、创造财富，就必须在工作中使出全部力量，尽最大努力把事情做好。

如果我们做每一件事时都能全身心地投入，那么，就会感到精力充沛、干劲十足。相反，当你对生活失去信心，在工作中感到前途一片迷茫和暗淡时，就会觉得自己心力交瘁，精力不够。朋友们，为了实现自己的人生目标，为了避免工作中的烦恼和疲惫，让我们脚踏实地全身心地投入到工作中去，为了自己美好的明天，开始行动吧！

第三章　脚踏实地，少些浮躁多些务实才能得到老板赏识

不积跬步，无以至千里。想要实现梦想，就必须一步一个脚印地向前走。工作中不要弄虚作假、好高骛远，在自己的岗位上干好本职工作，少些浮躁多些务实才能积攒深厚的文化底蕴，才能更好地施展你的才能，规划好你的人生。

1. 别以为偷奸耍滑瞒得过老板

不管在哪个公司上班，都有偷奸耍滑的人。什么是偷奸耍滑？偷奸耍滑就是敷衍了事，工作不认真。如果你是老板，需要一个员工，但有两个来实习的大学生，一个勤劳能干一个偷奸耍滑，你想用哪个？显然，老板都会用勤劳能干的员工。偷奸耍滑的那种，不能为老板所用，因为他们只会破坏公司的工作气氛和形象。

很多人以为老板高高在上，不会关注一个小小的员工，即使自己偷奸耍滑老板也不会知道。其实，这是错误的看法。老板也许不会时时关注一个人，但他却在时时刻刻关注业绩。业绩不会说谎。你在干什么，老板清清楚楚。

☆☆☆☆☆☆

有一位经理谈起这样一件事：公司有一位工作多年的女员工小孙，一直要求我将她提到一个高薪的职位。碍于她在公司多年的工作经历，而且她确实具备一定能力，我同意了她的要求。就在我同意她的要求后没几天，公司接到了一个大单，按照职责，这批产品应该全部由小孙负责监督生产。刚刚上任的小孙也是踌躇满志，准备好好表现一把。

工作展开的前几天，小孙每日都到车间察看，哪个工人哪个步骤存在缺陷都会指出来。这样过了几天，整个生产车间倒也井然有序。可是，到最后产品出厂的时候，却出了问题，产

品30%不合格。

看着被打回来的订单，我百思不得其解。小孙是专业的微电子技术总监，为什么她监督生产的产品还会有不合格的现象？怀着这样的疑问，我亲自下了车间。

在车间里，我找到了答案。原来小孙每日都来车间不假，但是作为高级技术总监，小孙指出来的错误一般的工人根本难以理解。开始时，小孙还会耐心给工人做示范，但是到了快交工的时候，自觉工作做得差不多的小孙便不再经常去车间，有时即使出现在车间，也是例行公事地转一圈就走。这样直接的后果，便是在关键的最后环节，工人们错了没有人指正，因此造成了30%的产品不合格。

☆……☆……☆……☆……☆……☆……

小孙有能力吗？肯定是有的。但是小孙为什么没有把工作做好呢？就是敷衍了事，偷奸耍滑，没有认真负责。责任不仅对于企业很重要，对于我们每位员工来说也同样重要。不要以为自己只是一名普通员工，其实能否担当起你的责任，对整个企业而言，同样有很大的意义。职场中一个个鲜活的实例告诉我们，只有坚持责任原则，我们的员工才能更好地随着企业的发展而进步。任何对于岗位责任的推脱，不满或抱怨，带给企业的只能是负面的影响。所以，勇于负责是很有必要的。岗位责任需要责任承担人具有强烈的责任意识，因为企业管理中出现的很多问题，譬如办事拖拉、效率不高、执行不力等现象，都与缺乏责任意识有关。

……☆……☆……☆……☆……☆……☆

赵莹莹是某公司的销售人员，每天早晨在闹钟响过多次之后才能勉强起床。她把一天的工作看作是痛苦之旅，从早上起床那一刻起，就抱着“混”的态度。来不及吃早餐，赵莹莹就匆匆忙忙地赶往公司。人是到公司了，可是神情恍惚，连主管的工作布置都听不清楚。上午，赵莹莹被安排去拜访客户，却由于所带资料不全遭到拒绝和冷遇。跟从前一样，一笔订单又一次被自己搞砸了，赵莹莹心里很难受，每当这时候她都感觉世界末日要来临了。她安慰自己说:“争取下一次”。回到公司，需要对每天的客户进行回访，可她却懒懒地坐在办公桌前发呆，心里已经想着下班去哪里消遣，晚饭吃些什么。下班时填工作报表，她胡乱地写上几笔，便飞奔出公司，就这样，赵莹莹一天的工作结束了。这样的员工是没有什么发展可言的，也许她自己心里也明白，这样做一天和尚撞一天钟，得过且过，迟早有被淘汰的一天。

☆……☆……☆……☆……☆……☆……

我们绝对不能敷衍工作，偷奸耍滑。偷奸耍滑的心态会让我们工作的心情越来越糟，工作越来越被动，收入越来越微薄，严重影响我们的工作、生活，甚至是健康。我们整天生活在负面情绪当中，完全享受不到工作的乐趣，而且还会将消极情绪不知不觉地传染给周围更多的人。偷奸耍滑的人没有为自己争取加薪的砝码。要知道，只要你有能力给公司创造更多的价值，老板也就会相应地付给你更多的回报！所以，偷奸耍滑就是敷衍自己，最终你必须为自己的行为买单。即使你伪装得再好，你的领导也会看出些许蛛丝马迹。久而久之，他就会不再相信你，还会轻视你的工作能力和人品。

如今在很多单位，有一部分人做事总是偷奸耍滑，对工作能敷衍就敷衍、能应付就应付、能逃避就逃避。粗心、懒散、草率是他们工作的主要表现。以这样的态度去工作，其结果可想而知。身在职场，是容不得半点不负责的态度的。如果偷奸耍滑，以敷衍了事的态度对待，那么将来你被列在裁员名单上时，老板可能连敷衍的理由都不愿

意给你。因此，无论做什么事，要做就要做到最好，绝不能偷奸耍滑，敷衍了事。

2. 诚实守信的员工老板最喜欢

有位名人说过，小胜凭智，大胜靠德。诚信就是道德，是一种优秀的职业精神。诚信具有极其重要的价值。人无信不立。诚信是职业化所需要的“常态”，是需要时刻保有的一种做人原则和工作心态。一个没有信用的人，要想跻身成功者的行列，几乎是不可能的。因为没有人会愿意和一个没有信用的人打交道。那些成功人士，都将“信用”看得无比重要。

《郁离子》中记载了这样一个因失信而丧生的人：济阳有个商人过河时遭遇风浪，眼看船就要沉了。匆忙之中他抓住一根大麻杆大声呼救。有个渔夫闻声驾船赶来了，商人急忙朝着渔夫喊道：“我是济阳最大的富翁，如果你能救我上岸，我一定给你100两金子作为酬谢。”

可是等到渔夫把商人救上岸后，他却翻脸不认账了，只给了渔夫10两金子作为酬谢。渔夫责怪他言而无信，出尔反尔。商人却说：“你一个渔夫，一生都挣不了几个钱，突然得10两金子还不满足吗？”渔夫听了非常无奈，只好离去。

不久，商人乘坐的货船又遇到了风浪，在河水中翻了船。

有个人准备去救那个商人，可是那个曾被商人骗过的渔夫看见了，就告诉他说:“他就是那个说话不算数的人!”于是，人们都不再愿意去救助那个商人，商人只好眼睁睁地“看着”自己被河水淹死。

无诚者死，无信者亡。反复无常、无诚无信的小人，有谁会相信?又有谁愿意搭救呢?一个人如果不讲诚信，必然失去别人的信任，往大了说会丢掉性命，往小了说，最少也会失去别人对他的信任，又如何能在事业上取得大的发展呢?恰恰是那些诚实守信、有诺必践的人，会获得更大的成功。

在公司里，诚信是立身之道，是一种高尚的情操，它既体现了对他人的尊敬，也表现了对自己的尊重。一个守信用的人，走到哪里都会受人欢迎，不守信用的人只能处处受到人们的鄙弃。诚信的习惯，会影响一个人的人际关系，是否守信用对事业成败也有巨大影响，有多少人信任你，你就拥有多少次成功的机会。

柯达是一个非常注重员工诚信的企业，所以在招聘时对员工的诚信度要求也很高。一次，柯达业务部准备招聘几名营销员，在众多的面试者中，柯达要求应聘者如实地写出自己的优缺点。许多应聘者都怕自己的优点比别人少，被别人比下去，于是大都夸夸其谈，甚至还有意夸大自己的优点，但在写缺点时，却又让人看不出自己写的是缺点。比如:“我常常工作起来不注意身体”“见了对公司不利的事就想管，因此经常得罪人”“听不得别人对领导的不同意见”等，不一而足，这些人当然在第一轮的面试中就被淘汰掉了。

最让招聘者看重的则是一位没有“优点”的求职者。他

是这样评价自己的："我的表现一般，如果一定要写优点的话，应该还算勤奋好学；缺点就是本人没有市场营销经验，性格又有些固执，可能对工作不利。"招聘者认为，这位应聘者的诚实是难能可贵的，因此，他成了那次应聘的第一个成功者。

讲诚信，或许在有些人看来不是多么大不了的事，但是，一旦人们发现你不讲诚信，不遵守职业道德，那么在你看来非常小的小事就会成为天大的事情。你会被人们认为品德有问题，甚至品德极差。一旦你给人们留下了没有诚信、不讲职业道德的坏印象，那么这种印象就很难改变，最终影响你的工作和生活。

柯达宁愿放弃知识和能力比较强的应聘者，也不会随便给一个不诚信的人一次机会。招聘领导认为，一个人除了有家庭责任感以外，对老板诚实、守信是最重要的；一个不具备诚信的人，在工作岗位上也会玩忽职守。这样的人，公司怎么能让他进来呢？只有具有诚信品质的员工才具有稳定性，公司才能放心地对其培训；不诚信的人，再有能力也不可靠，因为他对企业的忠诚不能长久。因此，诚实守信，是踏上成功的第一个台阶。中华民族历来把守信作为立身处世之本，"人无信而不立"。诚信是一个人修身立志、为人处世的基本要求。爱岗敬业要具备许多品质，其中重要的素质之一就是诚信。信誉本身是有价值的，它是一个人、一个组织的"信用卡"。从另一个意义上说，诚信也是雇用员工的基本要求。只有凭借诚信，你才能拥有晋升、发展的机会，才能获得永久的成功。

"信誉是靠人做起来的。打开市场，关键靠信誉。"这是江西某公司老板常挂在嘴边的一句话。这位老板刚刚开始做生意的时候做的是人造丝生意。由于他缺乏生意经验，加上他收购的原料分别来自九江和抚州两个地方，所以被不法商贩钻了空子，致使货物品质不统一。当他的货物发到了香港，客户发现两地的产品原材料不同，拒绝验收，并要求他赔偿13万元违约金。这位老板懵了，13万元对生意刚刚起步还没有挣到一分钱的他来说，无疑是致命的打击。但是，他还是咬紧牙关，筹齐了赔款，认真地兑现了自己当时签订合同时的承诺。客户见他如此讲信誉，表示愿意结交他这个朋友，继续和他做生意。半年后，他仅从这位客户手中接到的订单利润就超过了50万元。

☆……☆……☆……☆……☆……☆……

如果你以诚信待人，别人必定会以诚信相报。虽然这位老板最初的生意是亏损的，赔了13万元，但是他却用实际行动树立了自己讲诚信、守信用的良好形象，这是多少钱都无法买来的。一个人要获得别人的信任，其前提是自己要诚信。如果自己做不到诚信，又怎能期望别人来信任自己？一个人只有靠长期的诚信行为才能建立起自己的信誉。一个做事做人均无诚信的人，是很难在社会上立足的。诚信就像阳光，赶走阴暗，照亮我们的心灵，也照亮了我们的前程。诚信就像我们人生银行的存款，先存入之后才能使用并从中受惠。因此，在使用信用这笔存款时，千万不要让其透支。也许某些时候，我们会发现恪守诚信反而总让自己吃亏。然而，这并不是常态，千万不要因此而改变自己诚信的品德，吃亏总是暂时的，偶尔的因守信而蒙受的伤害最终会给你的事业带来更加长远的利益。

3. 想成功先从底层做起

老板需要的员工是甘于从最底层做起的人。我们要学会从底层做起，不要夸夸其谈，要扎实工作。也许在面试的时候，会和面试官大谈自己在学校时的辉煌，在其他企业的成绩，与其他成绩平平、能力平平的人相比，也许这些都可以为你进入这个企业加分。把自己好的一面，把自己的工作能力和成绩，通过精彩的语言展现给面试的人，无可厚非，但一旦进入这家企业，一旦成为企业的一分子，你的这些成绩和能力，就再也不能成为你夸夸其谈的谈资，而是要扎扎实实地做好你手中的工作，一开始进入企业就低调的人，不代表就是没能力的人。相反，一开始进入企业，就夸夸其谈其过去的人，只会被人认为是一个只能吹，而能力不行的人。当然，不管开始怎么样，判断这个人行与不行的标准，就是工作的好坏。

调查那些在事业上取得了巨大成就的人，我们不难发现，这些人无一例外都是从简单工作和低微的职位上一步步走过来，逐渐获得事业上的辉煌的。不论在什么行业，从事什么样的职业，如果没有基层的工作经验，就很难在管理职位上做出大的成就来。许多家族企业的创业者，当他们想把自己的事业交给自己的儿女时，都会先将儿女安排到企业的基层岗位上一段时间，目的就是让他们熟悉企业的根基，然后逐步放到更高一级的职位上锻炼，熟悉企业各个环节的情况。同时对他们的工作能力进行多种锤炼，等合格了，能独当一面了，才会将重担交给他们。

可见，基层工作经验的多少和表现如何对一个人的事业成败具有十分重要的意义。万丈高楼平地起，打牢了根基，才能在上面建立雄伟的高楼大厦。

······☆······☆······☆······☆······☆······☆

李浩在一家制造业公司工作有四年了，学习机械设计专业出身的他，四年来一直在后台从事技术操作，工作倒也稳定。但是时间长了李浩渐渐厌倦了这种千篇一律的机械操作。在他看来，自己还不到三十岁，整天穿着工作服跟一堆机器混在一起，这样干下去太没有出息了，让人瞧不起。看着销售工作越来越受重视，赚钱又多，李浩也想换个工作干干，多与人打交道总比和机器待在一起有前途。事有凑巧，在他提出辞职申请后不久，朋友的公司就有个销售经理的工作岗位，在朋友的帮助下，李浩终于如愿以偿地获得了这个职位。他主要负责向新客户推销公司的服务产品及维护与客户的合作关系。新的工作不仅待遇有了提高，也体面了许多，这让李浩非常满意，打算好好表现一番。可是，好景不长，由于不懂管理业务又没有销售技巧，李浩的业绩一直不理想，所以压力也非常大，究竟是否做下去这个问题使李浩陷入了很大的迷茫中。

☆······☆······☆······☆······☆······☆······

现在的许多年轻人，尤其是大学生们，看不上基层工作，不愿意到基层去锻炼，不愿意干那些枯燥乏味的工作，不屑于做简单细小的事情，只想着一下子担当大任，干大事，很快地出人头地。这样的人要么当一辈子打工仔，要么事业屡屡受挫。因此，当我们刚刚进入社会时，一定要摆正自己的位置，从基层的工作、简单的事情做起，以积极的心态干好手中的细小事情，积累丰富的基层工作经验，为日后的升迁做好充分的准备。不管到一个什么样的企业，首先要了解这个企业。如果你

是刚刚毕业，或者是进入职场没有多久，也许你胸怀壮志，想要在这个企业做一番让企业满意，让人刮目相看的事业。不管你是否能力在身，新到一个企业，你要明白一点，工作是一点点做出来的，能力是一点点得到提升的。也许你在学校专业课是第一名，能力也很出众，抑或是在别的企业工作做得很好，这一切对你新进入的企业来说，都只能代表你的过去。企业不是要看你的过去，企业最重要的是要看你在这个企业的作为，是否适合这个企业，能不能在这个企业做好。

俗话说，不想当将军的士兵不是好士兵，但也可以说，不了解士兵的将军绝不会是一个好将军。一个将军，如果不了解士兵，不了解基层官兵的工作、生活、职责，那么他是不会懂得如何凝聚士兵的战斗力，不会懂得如何最有效地指挥部队的。因此，成功要先从底层做起。只有脚踏实地，一步一个脚印，才能走好你的职业发展之路。从基层做起，不是一件丢人的事，相反，却是一个了解基层，实事求是，广泛调研的学习和提高的机会，只有对一个企业，从基层到高层都了解透彻了，你在企业的成长，才会越来越快，步子才会走得越来越坚实。许多在基层工作的人，天天盼着升职，担当大任，干大事，而不专心于手头的职责和分内的工作。他们不知道，无论多么大的一个企业或机构，其根基和命运正是由这些不起眼的基层业务决定的。在这些团体中，要成就大事，必须先干好这些基层的小事。往往正是那些人们看起来的平常“小事”成就了许多人的大事。

4. 踏踏实实，不弄虚作假

对待工作，要做到踏踏实实，不弄虚作假，实事求是。工作需要我们用科学、严谨的态度来对待。倘若弄虚作假，即便获得了“殊荣”，你会心安理得，高枕无忧吗？要是有一天让人戳穿了，甚至诉诸法律时，“殊荣”、自尊也全没了。因此，真正的成就，来自实事求是的科学态度，来自脚踏实地地刻苦学习、钻研和工作。只有我们踏踏实实地做好每一件事情，才能安然享受我们应得的成就和荣耀。所以踏实努力，至关重要。

……☆……☆……☆……☆……☆……☆

一家家具销售公司的老板吩咐三个实习员工去做同一件事：去供货商那里调查一下家具的数量、价格和品质，老板想最终考察一下三个人的能力和素质，并从这三个人中留下一个人签订聘用合同。这个人得是工作效率最高的那个人。

第一个员工一个小时就回来了，他并没有亲自去调查，而是在公司里向同事打听供货商的情况，并且就在办公室里按以前的调查表结合现在的价格，自己重新填了一份就回来做汇报。他很得意，认为自己快速高效，表格很详细，肯定会赢。

三小时后，第二个员工回来了。他迅速赶到供货商那里了解家具的数量、价格和品质。但为了求快，他只是粗略地记录了几大类型的数字，表格内容大不如第一位详细。

直到下班时间快到时，第三位员工才回来，原来他不但亲自到供货商那里了解了家具的数量、价格和品质，做了详细的记录，而且根据公司的采购需求，还和供货商的销售经理谈了下具体的价格问题。在返回途中，他还去了另外两家供货商那里，将三家供货商的情况做了详细的比较，制订出了最佳购买方案。

☆……☆……☆……☆……☆……☆……

毫无悬念，老板留下的是第三个实习生。虽然他花的时间长，但无疑他的效率是最高的，更重要的是，他踏踏实实做事，认认真真为企业着想。客观务实，力求效率的作风，正是老板最需要的。第一个员工快则快矣，却弄虚造假，敷衍了事，草率应付，这是老板绝对不能容忍的，怎么可能会留？第二个员工事情也做了，但效果远不如第三位，最根本的原因还是不踏实。

一个人不论要干什么事，都不该任着性子，凭着感觉，好高骛远，去追求虚无缥缈的海市蜃楼，而应该脚踏实地，从眼前的事情做起，才能稳健的成功。俗话说："千里之行，始于足下。"凡事要从自己做起，从小事做起，踏踏实实才能成功。工作就好像一方沃土，你播种下什么就会收获什么。你仔细看过自己脚下的土地了吗？你注意自己手头的工作了吗？认真分析过手头工作可能给自己带来的巨大财富和机遇了吗？还是每天都在羡慕朋友的工作，或是感叹成功者的机遇可遇不可求？其实，每一份工作都是有价值的。只要我们满腔热情、尽责尽力、努力付出，在工作中不断地进步，最终自己的价值一定能在工作中得到实现。

成功者都懂得踏踏实实走好每一步。有一句流传甚广的格言：罗马不是一天建成的。说的就是踏实认真的道理。俗话说，"快有三分假"，一天能建成罗马，肯定有假。要么地基下面是空的，要么罗马的广场是豆腐渣，罗马怎么可能历经几千年的风雨到今天还保有庄严厚重的风采？只有踏踏实实，每一步都认真务实，才有实实在在的成功；投机取巧，有意欺骗，则是失败的开始。

几年前，被称为韩国美术界“灰姑娘”的东国大学教授申正娥被揭露，她所谓的耶鲁大学美术史系博士学位是假的。东国大学决定解聘申正娥，并委托检察机关调查此事。无独有偶，2012 年 2 月 17 日，央视大篇幅评论性地报道了美国狄克森州立大学惊爆国际留学生学位造假事件，有 400 多名中国学生被卷入其中。事发后，该大学设在中国境内的多个招生办事处被迫关闭，该校主管副校长辞职。

可见投机取巧、弄虚作假只会害人害己。只有做事踏踏实实、认认真真的人，才会将自己的每一步都踩在最坚实的大地上，并最终获得自己的成功。

其实，对于我们大多数员工来说，我们身处的都是最基层的岗位，干的也都是最基层的工作，烦琐而零碎，千篇一律、枯燥无味。如果缺少了踏实的态度，是不可能干好的。相反，有踏踏实实的态度，即便做最平凡的工作，也能做到最好，做出让人惊叹的成就。

1964 年，18 岁的崔仕宏从电车技校毕业来到电车公司，当上了 105 路首班车售票员。几年后，他调到了 13 路无轨电车售票，也就是现在的 113 路电车，一干就是 42 年。

42 年，近 11000 个工作日，每天凌晨 3 点多起床，工作中乘车行程近 100 万公里，等于绕地球赤道 25 圈，售出 330 多万张纸票。没受到过一次投诉，没请过一天病事假，没有一天迟到。“报站及时、声音洪亮、扶老携幼、服务周到”，讲到

如何做好售票员的服务工作，老崔总是这几句话，最多加一句“对乘客就像对亲人一样，自己的父母乘车也想着别人能照顾一下”。这就是北京公交系统工龄最长的售票员崔仕宏42年工作过程的真实写照。

42年，1万多个工作日，崔仕宏没有收到过一次投诉，同事们为他总结的42年无投诉的秘诀，就是努力做到“十点”：报站清楚点、热情服务周到点、解答问题耐心点、处理问题恰当点、说话办事礼貌点、开关门看着点、售票主动点、查验票和气点、打扫车厢干净点、为乘客服务辛苦点。42年，他也没有一次评奖评优，却一直诚心诚意地为乘客服务，因而受到广大乘客的尊重。以前，负责开关车门是每个售票员要做得最多的工作，公交车到站人们下车，售票员首先要下去，等上车的人都上完，售票员才能上。北京人多，坐公交车的人自然不少，有时候等售票员要上车的时候，车门都关不上。公交人都说上下车是对售票员的考验。每当车要到站时，崔仕宏都会提前向乘客打招呼，人多车挤时，他就要反复动员大家互相关照，直到最后，自己费力挤上车，安全关好门。有人算了笔账，42年的工作日，崔仕宏平安地开关车门就有1049万次之多，从来没有偷懒过一次。

崔仕宏似乎与以往任何一个宣传样本都不同——他太平凡了，用他所在工会领导的话说，就是“除了老实本分，平凡到没什么可值得说的”。作为一个“没有一次评奖评优和先进纪录”的宣传样本，所谓的“事迹”不过是“没受到过一次投诉，没请过一天病事假，没有一天迟到，没有换过一次岗”。这些，正是他踏踏实实、努力奋斗的最好写照。

成功不是一蹴而就的，今天的成功源于无数个昨天的积累，这种积累不是盲目的，而是循序渐进，踏实奋斗而成的。踏踏实实的人，才不会弄虚作假，才不会作风虚浮，才不会老板在和不在两个样，才不会摆“花架子”，玩“假招式”，才会实实在在、一步一个脚印地努力，真抓实干，说实话办实事。把最平凡的工作都做到最好，才是真正职场成功的秘诀，才是老板愿意聘用你的理由。

5. 主动做一些分外的工作

在公司里，许多人都认为做好“分内事”就够了，岂不知这种思想是错误的！社会在发展，公司在成长，个人的职责范围也随之扩大。不要总是以“这不是我分内的工作”为由来逃避责任。当额外的工作分配到你时，不妨视之为一种机遇。只有你愿意多做事，别人才会给你更多的机会，你也才能学到更多的东西。对于那些有志于在职场中有所建树的人来说，不妨考虑多去承担一些“分外事”。社会在发展，公司在成长，面对“分外”的工作时，不妨伸出手，并将这作为对自己的一种挑战，一种机遇和一个锻炼的机会。

某次于西班牙举办的国际产品展示会吸引了来自世界各地的很多企业参加，其中有不少来自中国的企业。其中有一家从中国来参会的公司，参展人员由该企业的市场部经理带领。在开展之前，每家参会公司都有很多的准备工作要去做，比如展

位的设计与布置、资料的整理与分装、产品的组装等。要完成这些准备工作，就必须依靠大家加班加点地去工作才行。没想到，市场部经理带去的这帮安装工人，绝大多数人还跟在国内时一样，不肯多干一分钟活，等到下班时间一到，便纷纷溜回宾馆去了。市场部经理见准备工作还差得很远，便要求他们来把活干完了再去玩。没想到他们竟然说："一分钱加班费都没有，凭什么让我们干啊，我们有那么傻吗？"更有甚者还说："经理，你也只是一名打工仔而已，不过就是职位比我们高一点点，别犯傻了，何必为老板那么卖命呢？剩下的活，明天再干吧，来得及！"为了把准备工作及早做好，市场部经理只好和一名主动留下来的安装工人一起，加班加点地在展厅里干活。

在开展的前一天晚上，老板亲自来到展场，检查展场的准备情况，此时已是凌晨一点。令老板感动的是，市场部经理和一个安装工人还在那里辛苦地忙活着，细心地擦着装修时粘在地板上的涂料。令老板吃惊的则是，其他人一个也没在。一见到老板，市场部经理就赶忙站起来说："董事长，您处罚我吧！我失职了，没能让所有的人都来加班工作。"没想到，老板一点也没有责怪他的意思，而是轻轻地拍了拍他的肩膀，让他放宽心。接着，他指着那个安装工人问市场部经理："他是在你的要求下才愿意留下来加班的吗？"市场部经理连忙回答："不是，他是自己主动要求留下来加班的。而且，在他留下来时候，其他工人还一个劲儿地嘲笑他是傻瓜，说他没必要那么卖命，老板也不在，就算累死了老板也看不到，还不如回宾馆美美地睡上一觉。"听了市场部经理的叙述后，老板当时并没有做任何表示，只是招呼他的秘书和其他几名随行人员也加入到展位的准备工作中去。

参展结束后，一回到公司，老板就开除了那天晚上没有参加劳动的所有人员，同时，将那名主动加班的普通安装工人提拔为一家分厂的厂长。被开除了的那帮人非常不服气，找到了人事部经理理论："我们不就是多睡了几个小时的觉吗，凭什么炒我们鱿鱼？他不过是多干了几个小时的活，凭什么当厂长？"他们所说的"他"，就是那个被提拔了的工人。人事部经理对他们说："其实，市场部经理当时只是让你们一起加加班，提前把参展的准备工作做好。你们呢，一听到要加班，就满腹牢骚、抱怨不已。用自己的前途去换取几个小时的懒觉，这是你们的主动行为，没有人强迫你们那么做，怨不得谁。我通过调查了解到，你们在平日工作里也经常偷懒。每天下班时间一到，你们就连人影都找不到了。每次要求你们加班，你们就怨声载道，喋喋不休地和公司谈价钱。但他呢，虽然只是多干了几个小时的活，但据我们考察，他为人积极负责，平日里默默地奉献了许多，比你们多干了不知多少活，提拔他，是对他过去积极奉献的奖赏和回报！"

☆……☆……☆……☆……☆……☆……

在职场中，很多人把"分内事"和"分外事"分得很清楚，只要觉得一项工作不是自己的"分内事"就躲得远远的，就算自己闲着，也不愿意多搭把手，这些人也往往得不到公司和领导的重视。在公司里，有些工作也许真的不是你的分内工作，可是这些难题的存在却阻碍着企业的前进，这种情况下，你无疑需要主动帮助解决这些难题，而不能坐视不理。如果我们在单位接受一项自己"分外"的工作时，不要有丝毫的抱怨，主动去做、乐意去做，多做一些，多学一些，这样就能对公司的整体运营有一个很好的了解。这样，终有一天，我们也能成为老板心中

最有价值的员工。

做点儿分外工作，是职业精神的体现，也是个人气度的体现。一些看起来不起眼的小事，能反映出个人的工作细致程度、工作态度等。在公司里，做好自己的本职工作，是成功的基石。做好本职工作的同时做点分外事，更能赢得老板的青睐。

☆☆☆☆☆☆

张杰刚开始进杜先生的公司的时候，杜先生只是让他担任很低微的职务，但是，现在张杰不仅是杜先生的得力助手，而且，已经是杜先生手下的一家汽车营销公司的总裁了。他之所以能够在很短的时间升到这么高的职位，是因为他提供了远远高出他所得的报酬更多的以及更好的服务，因此得到了杜先生的青睐。当他刚去杜先生的公司上班的时候，他很快地注意到，当所有人都下班回家时，杜先生仍旧在公司工作到很晚才回家。因此，他每天在下班后也继续待在公司里看资料。没有人要求他留下来，但是张杰自己认为自己应该留下来，他认为自己这样可以随时为杜先生提供服务。

从那以后，杜先生在需要人帮忙的时候，总是发现张杰就在身边。于是他养成了随时招呼张杰的习惯。正是因为张杰总是自动地留在办公室，所以杜先生随时随地可以找到他，让他帮忙。最后，顺其自然，张杰获得了很多的机会，赢得了老板的青睐。

☆☆☆☆☆☆

成功者往往在做好本职的工作之外，还做一些分外的事情，甚至不同寻常的事情来培养自己的能力，引起人们的注意。一个员工要想纵横职场、取得成功，除了尽心尽力做好本职工作以外，还要多做一些分外的工作。这样，可以时刻保持斗志，在工作中不断地锻炼自己、充实自己。同时，也会拥有更多的表演舞台，让自己的才华适时地表现出来，引起老板的关注和重视。

你是否会像下列员工一样：

“老板，我的专职工作是搞设计的，您让我多干些别的，那可是分外的事啊！要么给我奖金，要么我不干！”

“加班，加班，怎么老有干不完的活儿？真是烦死了！”

“算了，不是我的事，我才不管呢！”

“千万别多揽事，工作，多一事不如少一事，干得多，错得多，何苦呢？”

如果你真的有这样的情形，那么，赶快改正吧！一个用心做事的员工是不会这样说话的，在他们眼中，工作不分分内分外。他们懂得一个道理：分内的工作是自己应该完成也是必须完成的，而分外的工作是自己在时间允许且完成了本职工作的前提下，能尽量去多完成的事。这些人才是拥有大智慧的人，他们总能够获得好的职位和新的升职机会。

6. 一分付出，一分收获

“付出多少，得到多少”是一条基本的社会规律，在职场，对于员工来说，更是如此。没有付出怎么可能奢望回报呢？有多少付出就会得到多少回报，有多少汗水就有多少收获。

世间所有的学问、所有的成功，都来自于勤奋。所谓“天道酬勤”，一分努力就有一分收获。也只有勤奋努力、付出心血和汗水才能有收获，这是天道公理，也是人间至理。

日本“推销之神”原一平在69岁时的一次演讲会上，当有人问他推销的秘诀时，他当场脱掉鞋袜，向提问者展示他脚底的老茧。那厚厚的老茧，让提问者十分惊异：“您脚底的老茧好厚啊！”

原一平说：“因为我走的路比别人多，跑得比别人勤。”

提问者略一思索，顿然醒悟。

在职场里，不勤奋地工作，再美好的愿望也只能是空谈。歌德说：“我们的本性趋向于懒怠。但只要我们的心向着勤奋，并时常激励它，就能在这活动中感受到真正的喜悦。”明智地做出决策，精神饱满地去行动，在行动中能够吃苦耐劳，不管你选择什么样的职业，都会得到相应的报酬，也会更有前进的动力。

宝剑锋从磨砺出，梅花香自苦寒来，没有付出就没有收获。这是先贤总结出来的成功智慧。不论做什么，离开了勤奋都是不可能有所成就的。那些青史留名的有大成就的人，无一不是勤奋努力的人。不论你从事何种职业，处于何种职位，只有懂得勤劳地用双手去工作，才能做好，职业之路才能越走越宽。勤奋，是一种积极向上的人生态度，也是每一个职工成才的必经之路。要想在这个人才辈出的时代走出一条完美的职业轨迹，唯有依靠勤奋的美德，认真地对待自己的工作，在工作中不断付出努力。

大家都知道刘德华，论唱歌他没有张学友那动人的歌喉，比电影他没有梁朝伟那精湛的演技，但是，他却用最美的精神感召力征服了亿万的歌迷和影迷，那就是他的勤奋。17 岁的刘德华刚步入娱乐圈时，只能算做是浩瀚大海中的一滴水，辽远夜空中的一颗星，平凡而普通。从演小配角开始，摸爬滚打，对于一个没有背景、没有靠山的人而言，除了勤奋，别无选择。

刘德华开始学唱歌时，是一片倒彩声；在尝试写歌词时，前辈断言他文理不通，应该先去中文系学几年再说；即使唱红之后，依然有电台老板评论他根本不懂唱歌，也没有唱歌的天分。别人花一个小时能做成的事，他需花三个小时才能做成。然而，通过坚韧不拔的执著和努力，这个“笨小孩”最终成为香港“四大天王”和“十大杰出青年”之一。直到现在，他的歌依然唱得火红，演电影也是一流水平，是演艺圈里不可多得的“常青树”。刘德华自己说，他最大的特点就是勤奋，下的工夫比别人多三倍，才能和别人一样。

☆ ☆ ☆ ☆ ☆ ☆

天道酬勤，纵观古今中外，那些真正做出了成就的名人，并不是因为他们个个是天才，而是因为他们付出了比别人更多的精力，付出了比别人更多的汗水。世界上没有任何东西可以代替勤奋，高超的天赋也不能代替。伟大的成功和勤奋的工作是成正比的，有一分耕耘才能有一分收获。

一个人的进取与成才，环境、机遇、天赋、学识等外部因素固然重要，但更重要的是依赖于自身的勤奋与努力。缺少勤奋的精神，哪怕是天资奇佳的雄鹰也只能空振双翅；有了勤奋的精神，哪怕是行动迟缓的蜗牛也能雄踞塔顶。成功不单纯靠能力和智慧。更要靠每一个参与者的忠诚、敬业和勤奋。只有坚持不懈地付出努力，才是取得成功的不二法门。

老板不会白给员工工资，但如果一个人对工作敬业负责，创造了很高的效率，企业一定会回报他，给他高薪以及荣誉。勤奋与回报，不一定成正比关系，但一定是有因果关系的。勤奋工作的员工所创造的价值肯定比一般人更多，所获取的回报肯定也更多。美国艾维斯租车公司有句口号:“我们比别人更努力。”这就是工作的游戏规则。也许它看起来是残酷的，但正是这种绝对的公平，给了你成功的可能性。你只要比别人多付出哪怕并不太多的努力，比别人稍微多吃些苦，就会得到更好的结果。

第四章　尽职尽责，工作不负责在老板眼里就是不称职

责任是工作的导向，不要把目光盯在职位上，而要把目光放在责任上；不要把重心放在获取薪水上，而要把重心放在创造价值上。无论你所做的是什么样的工作，只要你能认真地勇敢地担负起责任，你所做的就是有价值的，你就会获得尊重和敬意。

1. 老板最欣赏认真负责的员工

改变职场命运，首先要从负责开始。老板喜欢认真负责的员工。责任是做好一切工作的保证。任何一名员工，只要愿意为企业的利益着想，对自己的所作所为负起责任，并且不断地寻找解决问题的方法，就会有一种强大的推动力，让自己真正成为企业的主人。一个具有高度责任感的员工，在工作的时候，不是简简单单担一下责任就算了，他会比老板还负责，认真对待工作，他不仅认真，而且还对工作的结果负责，当一个人能对事情的结果负责时，他必能担当起重任。只有那些勇于承担责任的人，才有可能被赋予更多的使命。

2012 年 5 月 29 日早 7 点 10 分，吴斌驾驶着浙 A19115 大客车从杭州出发，开往无锡，10 点 10 分顺利抵达。休息了 1 个小时后，11 点 10 分，吴斌从无锡站再次出发，准备返回杭州，可这次，吴斌没能平安回返。

11 时 40 分左右，车辆行驶至锡宜高速公路宜兴方向阳山路段时（江苏境内），突然一铁块（后确认为制动毂残片）从空中飞落击碎车辆前挡风玻璃并砸向吴斌的腹部和手臂，导致吴斌肝脏破裂及肋骨多处骨折，肺、肠挫伤。在危急关头，他强忍剧烈的疼痛将车辆缓缓停下，拉上手刹、开启双闪灯，以一名职业驾驶员的高度敬业精神，完成一系列完整的安全停车

措施。之后，他又以惊人的毅力，从驾驶室艰难地站起来告知车上旅客注意安全，然后打开车门，安全疏散旅客。当做完这些以后，耗尽了最后一丝力气的他，瘫坐在座位上。吴斌，他没有把最宝贵的第一时间留给自己拨叫120，而是留给了车上的24名旅客。他仍强忍疼痛将车停稳，并提醒车内24名乘客安全疏散及报警。被送往中国人民解放军无锡101医院抢救后，2012年6月1日凌晨3点45分，吴斌因伤势过重抢救无效死亡，年仅48岁。

☆……☆……☆……☆……☆……☆……

对工作负责，就是对自己负责，吴斌就是我们学习的榜样。每个人的生命里都沉淀着责任，负责任的工作是我们生活的一部分，也是我们生命的重要组成部分。任何时候，我们都不能放弃肩上的责任，扛着它，就是扛着自己对生命的信念。责任的存在，是上天留给世人的一种考验，许多人通不过这场考验，逃匿了；许多人承受了，自己戴上了荆冠。逃匿的人随着时间的消逝，世人会把他忘却；承受的人也会消逝，但他们的精神却被人铭记。一个人不管从事什么职业，处在什么岗位，都有其担负的责任，都有自己分内应做的事情。既然选择了这份工作，就应该承担起这份责任，因为工作就意味着责任。在这个世界上，没有不需要承担责任的工作，相反，职位越高、权力越大，肩负的责任就越重。责任是一种担当，一种约束，一种动力，一种魅力。负责是每个人应有的品质。只要是你的责任，你就要勇敢地承担。

……☆……☆……☆……☆……☆……☆

石磊是一名大四的学生，在一家建筑公司实习。刚上班，恰逢当时是工程全面开展的时期，于是，他就被安排到工作第一线——施工现场承担技术方面的工作。施工现场的条件非常艰苦，工地的道路全是土路，一遇刮风下雨，不是风沙弥漫，就是泥泞难行。工地的职工宿舍是临时搭建的简易房，石磊和工地的师傅同吃同住。石磊的工作量不算太大，但是很烦琐，楼上楼下，里里外外，一天至少要跑几十趟。晚上下了班，他疲惫得连饭也不想吃，只想躺下来好好休息。这些都是石磊以前所从未经历过的，尽管来之前，他已经做好了足够的心理准备，但是现在，他却怀疑自己是否能够坚持下来。就在这时，一件事情彻底改变了他的消极想法。那天深夜，天气骤变，电闪雷鸣，不一会儿便下起了倾盆大雨。大家辛苦地工作了一天，也都非常劳累了，石磊和同一宿舍的工长郑师傅也早已进入了梦乡。突然，门外响起急促的敲门声，有人喊道:“郑师傅，郑师傅，工地基坑边坡有一部分滑坡了!”郑师傅翻身坐起，迅速披上外套，穿好鞋子，戴上安全帽，拿起雨伞和手电，打开屋门，大步走了出去。不知过了多久，郑师傅才回到宿舍。第二天，石磊忍不住问郑师傅:“工地现场不是还有专门负责的人吗?您告诉他们怎么处理不就成了吗?您这么大岁数了，还要冒雨亲自出去一趟，何苦受这个罪?”郑师傅听了石磊的话，只是微微一笑说:“这是我的责任!”

“这是我的责任!”这短短的一句话，深深地触动了石磊。在郑师傅身上，石磊看到了一名老员工崇高的敬业精神和工作责任心。施工现场的技术工作既是辛劳烦琐的，又是责任重大的，技术方面的工作要求自然严格、详细，容不得一丝一毫的放松与懈怠，任何一个不负责任的行为，都可能带来严重的后果。郑师傅的做法坚定了石磊留下来的决心。

☆……☆……☆……☆……☆……☆……

责任是成功的先决条件，责任在哪里，结果就在哪里。无论做什么工作，有责任感的人，就会出色地完成任务，就会离成功越来越近；缺乏责任感的人，对自己的工作是敷衍、应付，甚至是视而不见，能拖就拖，那他的工作永远不会有起色，永远会被关在成功的大门之外。在工作中，只要负责去做，我们就可以做得更好！一个有认真负责态度的人，会随时保持紧迫感，会经常反思自己是否做好了分内的事情，会经常思考改进、完善工作的方法。海尔的一位员工这样说过："我会随时把我听到的、看到的对我们海尔公司产品的意见记下来，无论是在朋友的聚会上，还是走在街上听陌生人说话。因为作为一名员工，我有责任让我们的产品更好，有责任让我们的企业更成熟、更完善。"这就是海尔人的责任意识，这就是海尔的产品能够畅销全球的"核心"秘密。我们如果认真负责，就能从工作中积累更多经验，获取更多薪水，享受更多快乐，最终实现职场生涯的飞跃。

2. 遵章守纪，严格按制度办事

当今社会，各行各业，都有相应的职业规范，各个岗位也都有自己严格的操作流程。我们可以想象一下：国旗护卫队的战士能不能迟到？医生手术时能不能离岗？我们要想成为能适应社会规范的各行各业的人才，首先要加强自身的纪律意识。员工必须对规章制度常怀敬畏之心，不能轻慢，更不能亵渎。严格遵章守纪才能在平凡的工作中体现责任意识。

1984 年张瑞敏接任青岛电冰箱总厂厂长。当时厂里只有 600 多人，是一家亏空 147 万元的集团所有制小厂。产品卖不出去，工人都觉得没什么指望，没什么人干活。张瑞敏说，当时正好是冬天，厂房里连窗户都没了，工人们把木质的窗框拆下来烤火用。

张瑞敏进厂后，先从抓劳动纪律开始。他制定了13条劳动纪律，包括不准在车间大小便、不准偷抢厂里物资等最基础的条例。对于违反规章制度的员工，就抓出来严肃处理。通过整顿纪律，很多人开始收敛，也逐渐对工厂恢复信心。

1985年，海尔创业第二年，张瑞敏砸掉了76台不合格的冰箱。事情源自一位用户来信抱怨说自己攒了多年钱才买的冰箱上有道划痕，张瑞敏由此查出仓库里有类似问题的冰箱共76台。

这一砸，砸出了海尔员工“零缺陷”的质量意识，其效果是：1989年市场供大于求，各厂商冰箱纷纷降价时，海尔却逆市提价12%，用户还纷纷排队购买。

是什么改变了海尔人？就是纪律。严明的纪律使得海尔形成了有条不紊的工作流程，海尔强调的“纪律之美”也以规范的运作和严明的纪律享誉世界。

☆……☆……☆……☆……☆……☆……

一个濒临破产的公司，就因为严明了纪律，从而使该公司起死回生。由此可见，任何一个企业都不能忽略制度的重要性，否则，没有了制度的约束，企业将变成一盘散沙，整个团队也就毫无生命力可言。因此，企业的各项规章制度不能成为摆设，公司应以有效的手段保证其得以贯彻落实，一旦发现有人违规犯戒，就施以惩处，绝不姑息迁就。只有如此，才能企业有发展，个人有前途。

俗话说“无规矩不成方圆”，对于企业而言，规章制度就像国家的法律一样承担着神圣的使命。每一个公司都会制定各种严格的规章制度来约束员工行为，规章制度是严肃的，不讲人情的。工作需要遵守纪律，

一切行动听指挥。在军队，服从纪律永远是第一位的，企业虽不是军队，但同样需要服从纪律。纪律就是为了维护集体利益并保证工作进行而要求成员必须遵守的规章、条文。纪律就是一种有益的束缚。遵守纪律是工作成功的首要条件之一。在工作中，坚定而自觉地维护企业的纪律，关系到企业的凝聚力和战斗力的提高，关系到企业的各项任务的圆满完成。所以说，严守纪律，不仅是每个员工的义务，而且是重大的责任。

联想从一个默默无闻的小公司成为今天的国际化大企业，取得这样的成就并非偶然，而是主要取决于两大基本因素：第一点是联想的领路人柳传志的战略意识；第二点是联想强大的组织能力。联想强大的组织能力主要通过其制度的刚性来体现，这种刚性的制度可以克服知识分子创业队伍的先天性弊端，使组织的制度落到实处。

联想文化的第一个阶段被称作制度文化，即斯巴达方阵文化。所谓斯巴达方阵文化有两个主要特点：强调集体力量和强调制度的刚性。这种文化建立伊始，从联想最高的领导人柳传志到联想的每一个基层员工，都在矢志不渝地遵守这种文化，贯彻这种文化。以开会迟到为例，联想规定：开会不准迟到，如果迟到的时间大于等于5分钟，与会者就不用参加会议了；如果小于5分钟，那么迟几分钟就在门外站几分钟然后再进来开会。正好有一天柳传志迟到了，他迟到的时间大概是三四分钟，于是，柳传志按照规定站在门口，直到站够了规定的时间才走进会议室。试想，连公司的老总都能以身作则，其他的员工又怎么能不遵守制度呢？

纪律就是执行力！只有严格遵守纪律，才能步调一致，才能成功。

国有国法，家有家规，企业的规范化管理必不可少，没有制度与规范，没有纪律的约束，企业的发展就如海市蜃楼，日渐式微，这也就要求公司的每一个员工必须从思想上统一认识，从行动上加以执行，必须按照公司的制度规范，工作指引，认认真真，一丝不苟，不折不扣地做事。

顾颖大学毕业后，在一家网络公司工作。在技术部，她的业务能力非常强，原本乱七八糟的数据库，到她手上就都顺畅了。优化后的数据库与程序使网站运行效率大大提高，由于工作业绩显著，顾颖在试用一个月后就转正了。可是她有一个缺点，就是经常迟到，她一个月内就有五次迟到，而且有三次都是迟到了半小时以上。针对这种情况，公司出台了一项规章制度，一个月迟到五次以上，或迟到时间累计超过两个小时，公司可以辞退员工。为了避免顾颖被辞退，经理特意找她谈话，让她以后要注意点。顾颖觉得很不可思议，不就是迟到吗？有什么大不了的，只要我的工作做得好就行了。由于没有认识到事情的严重性，没过多久，她又一次迟到，并且迟到了半个小时以上。接下来的半个月内，她连续迟到了五次，人力资源部经理决定辞退她，尽管技术部经理再三为她争取机会，但为了维护公司制度的权威性，最后公司还是辞退了顾颖。

凡是纪律，都具有必须服从的约束力。任何无视或违反纪律的行为，都要根据性质的不同和情节的轻重受到程度不同的批评教育甚至处分，就是说，纪律是严肃的，它带有一定的强制性，同时，纪律又需自觉遵守。纪律意味着公平，纪律是公平的保证。如果不讲纪律，随心所欲的话，那么对按照规章制度操作、在规定时间内追求效率提高、追求发展的人来说，这就是一种不公平竞争，是一种伤害。纪律面前人人平

等，纪律面前不留情面，才能体现公平、激发竞争力，从而让企业有活力、有魄力、有执行力。

严格遵守规章制度是每位员工的必修课。员工进入公司后，首要的任务就是尽快地熟悉公司的各项规章制度，并了解它们的目的。只有那些遵章守纪的员工才会给老板留下深刻的印象，并得到老板的信任。

3.坚决服从，不要和老板对着干

说到“老板与员工”的关系问题，这恐怕也是一个职场中的永恒话题了。因为老板和员工各自所持的立场和关注的利益点不同，所以这种关系一般会衍生出很多故事。但有一点，作为员工要牢记：学会服从，不要和老板对着干。拒绝服从，说到底伤害的还是自己。

有位老板手上有很多期货，准备找准机会出手，好套取大笔现金。有一天，他终于看准了机会。原来，他手上期货的价格马上就要冲上峰值了，所以他欣喜若狂，立马打电话给手下的员工，要员工立即抛出。

没想到，这位员工却有自己的想法，他认为，现在价格不断上涨，完全可以等冲高点再抛售，多赚到钱老板一定更开心的，然而，五分钟之后，期货价格如跳楼般下跌，老板手里大量的期货都再也卖不出去了！

老板以为赚了大钱，在办公室等着员工报喜，一会儿电话铃响，正是那个不服从的员工打来的，老板听了之后脸色铁青，失望地说："你太让我失望了，明天你不用来上班了。"说完就生气地挂了电话。

☆……☆……☆……☆……☆……☆……

本来一件很简单的事情，因为员工的不服从导致了相反的结局，令老板蒙受了巨大的损失，自己也被炒了鱿鱼。在这个世界上每个人都必须学会服从，不管你身在何种机构，地位有多高，个人的权利都有其必然的限制。在下属和上司的关系中，服从是第一位的，是天经地义的，下属服从上司，是上级开展工作，保持正常工作关系的前提，是融洽相处的一种默契，也是上司观察和评价下属的尺度，因此作为一个合格的员工，必须服从上司的命令。

服从是执行的前提，有服从才有执行力。身在职场，如果你想成就自己，做一个执行高手就必须养成服从的习惯！只有服从上司的安排才是保证执行的最好方式。

……☆……☆……☆……☆……☆……☆

一位白手起家的企业家说：我的企业中等规模，每年有一亿元的销售收入，纯利润达1000万元，就目前而言有很多机会，关键是这个机会能不能被我们抓住，我有一个特别头疼的问题，下面的人跟不上我的思路，尤其是分公司的经理们，总部制订的方案不能在分公司里有效地执行，他们总能从方案中挑出一堆问题，让他们自己提方案，他们又做不出，或者乱搞一通，没有任何专业性，造成整个公司的效率极低。从中可以看出这家企业的核心问题是分公司的经理们没有服从意识，领导也没有培养下属的服从意识，所以决策总是得不到准确地贯彻和实施。实际上企业不是分公司经理的，而是总公司的，既然总公司做出了决策，风险就应该由总公司的决策者来承担，

而不是分公司。但分公司想扮演领导的角色，在执行过程中拒绝服从，这样就有点本末倒置了。

☆……☆……☆……☆……☆……☆……

一般来说，企业高层的主要责任是决策，企业中层的职责是执行，而基层人员的主要责任就是迅速地完成任务。如果企业成员缺乏服从的习惯，就会出现有令不行，阳奉阴违，各自为政的现象，导致执行力低下，错失市场机会，最终被淘汰出局。没有服从，任何绝佳的战略和设想都不可能被执行下去，任何一种先进的管理制度和理念都无法建立和推广下去，任何一个精明能干的领导都无法施展其宏图。

在职场中，有些员工经常会质疑老板和上司，不愿意服从，有些是“口服心不服”，执行起来敷衍塞责，应付了事。出现这些想法，往往是员工的态度出现了问题。对于一个企业来说，服从是一个企业上下协作、精准执行的关键，服从是企业执行力的重要体现，没有服从就没有执行力。

……☆……☆……☆……☆……☆……☆

采购部的经理史密斯放下电话，就嚷了起来：“糟了！糟了！那家便宜的东西，根本不合规格，还是迈克尔的货好。”他狠狠地捶了一下桌子说：“可是，我怎么那么糊涂，还发E-mail把迈克尔臭骂一顿，还骂他是骗子，这下麻烦了！”

秘书苏珊小姐转身站起来说：“是啊！我那时候不是说吗，要您先冷静冷静，再写信，您不听啊！”史密斯说：“都怪我在气头上，以为迈克尔一定骗了我，要不然别人怎么那么便宜。”史密斯来回踱着步子，突然指了指电话说：“把迈克尔的电话告诉我，我打过去向他道个歉！”

苏珊一笑，走到史密斯桌前说：“不用了，经理。告诉您，那封信我根本没发。”史密斯惊奇地停下脚步，问道：“没发？”

苏珊笑吟吟地说：“对！”史密斯坐了下来，如释重负，停了半晌。突然抬头问：“可是，我不是叫你立刻发出的吗？”

苏珊转过身，歪着头笑笑，说：“是啊，但我猜到您会后悔，所以就压了下来。”史密斯惊讶地问：“压了三周？”苏珊得意地说：“对！您没想到吧？”史密斯冷冷地回答：“我是没想到。”史密斯低下头去，翻记事本：“可是，我叫你发，你怎么能压？那么最近发南美的那几封信，你也压了？”苏珊说：“那倒没压。我知道什么该发，什么不该发！”没想到史密斯居然霍地站起来，沉声问道：“是你做主，还是我做主？”

苏珊呆住了，眼眶一下湿了，颤抖着问道：“我，我做错了吗？”史密斯斩钉截铁地说：“你做错了！”苏珊被记了一个小过，但没有公开，除了史密斯，公司里没有任何人知道。真是好心没好报！一肚子委屈的苏珊再也不愿意伺候这位是非不分的上司了。她跑到克里经理的办公室诉苦，希望调到克里的部门。克里笑笑：“不急，不急！我会处理。”隔两天果然做了处理，苏珊一大早就接到一份解雇通知。

☆……☆……☆……☆……☆……☆……

不服从上司的工作安排，后果只能是付出代价。苏珊擅自做主最后导致被解雇。作为企业的员工，你必须知道，无论你帮上司管了多少事情，也无论上司多糊涂，甚至依赖你到连电话都不会拨的程度，但他毕竟还是你的上司，任何事也毕竟还是由他做主。所以，你也必须服从。想要使自己在职场上立住脚，必须要视服从为天职。

服从是一种美德，是执行的前提，也是行动的第一步，有服从才有执行力。不服从老板，甚至与老板对着干，怎么能干好工作？老板又怎么可能容忍你、信任你、重用你？

要想在职场中获得发展，首先就要得到领导的重视，那么怎样才能

成为领导格外重视的员工呢？非常重要的一点，就是服从。为什么服从如此重要呢？因为服从是行动的第一步，服从代表着执行力，服从能把大家汇聚成一个团结一致的整体，从而产生巨大的合力！一个高效的企业必须有良好的服从观念，一个优秀的员工也必须有服从意识。因为所有团队运作的前提条件就是服从，从某种意义上可以说，没有服从就没有一切。

4. 说做就做，将工作落实到行动上

老板需要的是落实，是结果。只有抓好落实，才能把任务变成行动，把决策变成结果，把自己的美好理想变成现实。把工作落实到行动上，不仅需要你知道怎么做，而且需要你真真正正地做到。光知道，不做到，等于零。在现实工作中，说到做到是体现一名员工执行力的关键。因此，要获得成功，必须立刻开始行动。

有一个乞丐整天沿街乞讨，露宿风餐，后来他渐渐厌倦了这样的日子。一天，他来到一座教堂，跪在教堂中央，开始祷告:“上帝啊，我知道你是仁慈的，你帮帮我吧，让我生活得好一点!”

上帝问他:“那么，我应该怎么帮你呢?”

乞丐想了想说:“那你就让我中个彩票吧。”

“那好吧!”上帝同意了乞丐的要求。

乞丐心里别提有多么高兴了，天天去教堂祷告，等待着自己发笔大财。但一天天过去了，他仍然过着吃不饱穿不暖的日子。

乞丐心里直纳闷儿，为什么上帝答应了让我中彩票，而现在却一点也没动静呢？乞丐于是又跑到教堂问上帝。

面对乞丐的疑问，上帝说："我可怜的孩子，你整天在这里祷告而不做，让我怎样来帮你呢？最起码，你也应去买张彩票吧？"

☆……☆……☆……☆……☆……☆……

不难理解，这是个讽刺只说不做的故事。有句话说得好："一百次心动不如一次行动！"因为行动是一个敢于改变自我、拯救自我的标志，是一个人能力有多大的证明。光心想光会说，都是虚的，没有一点儿实际的东西。一个人如果不善于采取行动，他是很难有所作为的。可见，光说到还不够，只有做到的才是真正的成功。所以，大家在工作中，要将说的话转变为实际行动，要真真正正地做到。说到做到是对所有员工工作的最根本要求，是衡量员工工作绩效并决定员工薪酬的最重要指标，更是我们事业成败的决定性因素。

如果认准了一个目标，那么就要立即行动，因为世界上93%的人都因拖延懒惰而一事无成。一日有一日的想法和决断，昨日有昨日的事，今日有今日的事，明日有明日的事。对有些人来说时间是金钱，对有些人来说时间是废品，一百次的胡思乱想抵不上一次的行动。如果你犯了一个错误，这个世界会原谅你，但如果你未做任何行动，这个世界将不会原谅你，如果你已做了一个真正的决定，就要马上行动。当你养成"现在就动手做"的工作习惯时，你就掌握了个人进取的精髓。如果永远只想不做，就永远不会有成功。再多的机会给你，也只能白白浪费。幸运永远属于那些抓住机会立即行动的人。

据说拿破仑在打了一次胜仗之后，有人问他："如果有机会，你是不是还要打一场漂亮的仗。"拿破仑说："什么是机会，机会是人创造的。"只要能够主动出击，到处都存在着机会。机会并不稀奇，稀奇的是抓住每一个机会，把每一个机会都落到实处，落到实实在在的行动上，把机会全部转化为行为，机会才会成为奇迹，成为你想要的一切。

……☆……☆……☆……☆……☆……☆

A在合资公司做白领，觉得自己满腔抱负没有得到上级的赏识，经常想："如果有一天能见到老总，有机会展示一下自己的才干就好了！"

A的同事B也有同样的想法，他不光想，还打听老总出现的场合、时间，并尽量使自己遇到老总，有机会可以打个招呼，或是聊个天。

他们的同事C更进一步。他详细了解了老总的奋斗历程，弄清老总毕业的学校、行事风格、关心的问题，精心设计了几句简单却有分量的开场白，再算好时间去乘坐电梯，跟老总打过几次招呼后，终于有一天跟老总长谈了一次，不久就争取到了更好的职位。

☆……☆……☆……☆……☆……☆……

行动是一个标杆，是一个方向，是不断走向卓越的起点。要想成为一名受老板欢迎的员工，就要马上行动起来，用行动印证能力，用行动演绎精彩！不要抱怨没有加薪的机会，没有升迁的机会，没有发展的机会，其实公司给我们每个人的机会都是平等的，就看你有没有抓住这些机会的行动。

……☆……☆……☆……☆……☆……☆

小燕得知一家企业内刊招聘记者，当即赶了过去。

到现场一看，仅有的一个岗位，竞争者竟达120多人！而且其间又不乏学历、资历、年龄、口才诸方面胜过自己者。见此阵势，小燕本欲打退堂鼓，可又一想既然来了，长长见识也是好的，便耐着性子坐下来。

面试的人太多，主考官是该公司的老总，小燕又被安排在后面，看着应聘者一个接一个脸色沉重地走出考场，她已预感到形势对自己越来越不利，必须采取独特的面试方式打动老总才能出奇制胜。

这时候，在会客室里的几位应聘者开始闲聊。其中有这么几句牢骚话引起了小燕的注意:“来的都是有经验和好想法的人，小不点的内刊还拿不下来？一个面试还搞这么复杂!”“肯定要当面出题让应聘者动笔，不怕它，都带了作品集了，还说明不了问题?”

小燕心里一动，当即赶往楼下的打字店，以“求贤若渴”为题写下一篇现场短新闻。回到会客室时，正好轮到她出场了。

面试的内容有些出乎小燕的意料，神色已略显疲惫的老总既没提业务，也不问应聘者的经历，而是要小燕从自己的角度谈谈如何当好内刊记者。小燕当即递上刚打印完的那篇短新闻稿说自己的角度就是“敏锐”。

小燕成了应聘人员中百里挑一的幸运儿。老总说:“其实正确的方法大家都注意到了，但心动不如行动，只有你当时把大家都注意到的东西做在了前面。”

☆……☆……☆……☆……☆……☆……

只有行动才有可能成功，只会空想的人最终将一事无成。只有立即行动，快速行动，抓住一切机会，才能赢得一切成功。无论是怎么样的结果都只有在真正行动之后才会出现，聪明人雷厉风行，糊涂人拖拖拉

拉。优秀员工会当即断定什么该早点干，什么该晚点做，并且干得很开心。立即行动，说到做到，才能引领你更快地抵达成功的彼岸。

5. 认真细致，工作中无小事

不管是生活中还是工作中人们往往只看重大事，却疏忽了一件件所谓的小事，没有想到大事都是一件件小事积累起来的。在老板看来，任何细节，都会事关大局，牵一发而动全身，每一件细小的事情都会通过放大效应而突显其重要影响。因此，我们做任何事，都需要认真细致。认真不仅是一种态度，更应该是做事必备的品质。工作中无小事，只有最认真的人才会有最卓越的成就。

有这样一个故事：

一位勇者发誓要排除万难攀登一座高峰。在众人期待的目光中，他出发了。然而，他却没能不负众望实现理想，最终放弃了。出人意料的是，使他放弃的原因只是鞋中的一粒沙。

在长途跋涉中，恶劣的气候没有使他退缩，陡峭的山势没能阻碍他前行，难耐的孤寂没有动摇他坚定的信念，疲惫与饥寒没有使他畏惧，不知何时他的鞋里落入一粒沙，起初他并没在意，他原本有时间和机会把那粒沙从鞋里倒出来的，可是在我们的勇士眼中，它实在是太微不足道了。的确，比起勇士所遇到的其他困难来讲，那粒沙的存在简直可以忽略不计。

然而越走下去那粒沙越是磨脚，终于每走一步都伴随着锥心刺骨的疼痛，他终于意识到这粒沙的危害，他停下脚步，准备清除沙粒，但是却惊异地发现，脚已经被磨出了血泡，沙被清除出去了，可是伤口却因感染而化脓。最后，除了放弃他别无选择。

听完这个故事我们总会替他的遭遇惋惜，惋惜的同时，我们更应该做的是不要重蹈覆辙。不要轻视你身边的任何一件小事，即便是再简单不过的工作，也要把它做到完美、极致，别让一粒沙成为你成功的阻碍。在日常工作中，做不好小事，往往是人们失败的主要原因。把小事当回事去做，体现了一个人对工作的认真态度。重视小事与细节，这不仅是工作的原则，也是人生的原则。一件简单的小事情，所反映出来的是一个人的责任心。做好工作中的小事，才是真正堪负“大责任”的人。将小事做细致，不仅能学习到知识，而且必将在做小事中发现机会，最终走上成功之路。

1967 年 8 月 23 日，苏联的“联盟一号”宇宙飞船在返回大气层时，突然发生了恶性事故——减速降落伞无法打开。最后苏联中央领导经研究决定：向全国实况转播这次事故。当电视台的播音员用沉重的语调宣布，宇宙飞船在两小时后将坠毁，观众将目睹宇航员弗拉迪米·科马洛夫殉难的消息后，举国上下顿时都被震撼了，人们都沉浸在巨大的悲痛之中。在电视上，观众们看到了宇航员科马洛夫镇定自若的形象。这时，科马洛夫的女儿也出现在电视屏幕上，她只有 12 岁。科马洛夫说:“女儿，你不要哭。”“我不哭……”女儿已泣不成声，但她强忍悲痛说:“爸爸，你是苏联英雄，我想告诉你，英雄

的女儿会像英雄那样生活的！”科马洛夫叮嘱女儿说：“你学习时，一定要认真地对待每一个小数点。‘联盟一号’今天发生的一切，就是因为地面检查时忽略了一个小数点……”时间一分一秒地过去了，距离宇宙飞船坠毁的时间只有7分钟了。科马洛夫向全国的电视观众挥挥手说：“同胞们，请允许我在这茫茫的太空中与你们告别。”虽然只是一个小数点的错误，但却导致了永远也无法弥补的悲壮告别。

☆……☆……☆……☆……☆……☆……

在工作中，没有任何一件事情，小到可以被抛弃；没有任何一个细节，细到应该被忽略。一个人如果对待每项工作都很认真，那么即使他处在世界上任何一个不起眼的角落，都终将脱颖而出。对每一个问题，都必须认真处理。这需要我们有认真负责的态度，有高度的热情用心做事。认真不仅仅是一种对待事业和人生的态度，更是一种重要的能力。一旦认真渗进骨髓，融进血液，你就能拥有一种神奇的能量。社会发展越来越快，激烈的竞争对人的能力和素质提出了更高的要求。如果我们想提升能力，就必须要把自己培养成一个认真的人。

在我们的生活中，只有认真仔细才不会犯错误。想达至伟大的理想，首先就要脚踏实地、认认真真地做好眼前的事。认真，无疑是一种伟大的力量，工作上的很多成就，大多是靠认真努力换来的。现在很多成绩优秀、智商过人的大学毕业生苦于找不到工作；很多已经找到工作的职场新人，则无法向企业证明自己的才能，时常遭企业辞退。这是因为无法展示自己才能，或者因为对待工作不够认真。所以，无论做人、做事，都要注重细节，从小事做起。记住，工作中无小事。所有的成功者，他们与我们都做着同样简单的小事，唯一的区别就是，他们从不认为他们所做的事是简单的小事。

6. 精心计划，合理安排工作时间

职场中的很多人，他们一天到晚都很忙，并且常常加班，为何非得加班不可呢？那多半是由于时间管理不当所致。你若想成为一个工作高效的人，就需要精心计划，合理安排工作时间。每人拥有的时间都一样，非常公平。最成功和最不成功的人一样，一天都只有二十四小时，区别就在于他们如何利用这二十四小时。那些没有很好地管理时间的人，就像无头苍蝇一样没有方向到处乱飞，也就没有任何成果可以展示；那些能很好地践行时间管理的人，也就能够很好地掌控自己的生活。

☆☆☆☆☆☆

一大清早，安妮就赶到了办公室，因为她准备在今天着手草拟下年度的部门预算。她走进办公室，但没有立刻开始预算草拟工作，因为她突然想到不如先将办公桌及办公室整理一下，以便在进行重要的工作之前为自己提供一个干净与舒适的环境。她总共花了三十分钟的时间，使办公环境变得有条不紊。她面露得意神色拿起桌上的报纸，稍作休息。这时她发现报纸上刊登了一篇关于自己喜欢的一位明星的采访稿，于是情不自禁地看起来。等她把报纸放回报架，时间又过了十分钟。就在这个时候，电话声响了，那是一位顾客的投诉电话。她连解释带赔罪地花了二十分钟的时间才说服对方平息怒气。挂上

了电话，她去了洗手间。在回办公室途中，她闻到咖啡的香味。原来另一部门的同事正在享受“上午茶”，他们邀她加入，于是她在那前言不搭后语地聊了一阵。回到办公室后，满以为可以开始“正式工作”——拟定预算。可是，一看表，已经十点四十五了！距离十一点的部门例会只剩下十五分钟。她想，反正在这么短的时间内也不太适合做比较庞大耗时的工作，干脆把草拟预算的工作留到明天算了。

☆……☆……☆……☆……☆……☆……

像安妮这样的人应该有很多，他们每天都是忙得不可开交，可是一天下来，又会因为没有完成预定的计划而懊恼。他们总是抱怨时间太少，工作太忙，却没有想过如何合理地利用自己的时间。时间的合理安排对工作会有很大的影响。很多人感觉自己工作很尽力了，却没有达到预期的效果或者收效甚微，原因就是工作效率低。那么，什么是工作效率呢？所谓“工作效率”，就是在同等时间内完成工作量的多少。虽然很多人，包括处于中高层的管理人员，都能意识到提高工作效率的重要性，然而真正能做到高效率工作的人却并不多。本来用一个小时可以处理完的事务，却用了几个小时才处理完；本来用一周时间可以完成的一个项目，却用了三周才完成。工作效率低下的现象比比皆是。工作效率和每个人的切身利益息息相关。一个人的工作效率高，自然能高效地完成工作，工作业绩也会增加，升职加薪也指日可待。工作效率更是关乎企业的切身利益，在一个企业中，如果每个人的工作效率都提高了，那么企业的整体效率就会大大提高，这会给企业带来巨大的效益。因此，做好时间管理非常重要。什么事是必须做的？这是时间管理的第一个关键问题。每天都有无数的事情等待着我们去处理，而且有许多事情看起来还显得非常紧急，比如响个不停的电话，下一个小时的某个会议，给某个客户的回信等。陷入事务性的圈子，把我们变得忙忙碌碌的情景看来是必须的而且是可以理解的。但是实际情况并非如此。每个人在一天所做的事情中，至少有 80% 是并不重要的。

伯利恒钢铁公司总裁查理斯·舒瓦普曾经说："我的公司能够取得巨大的成功其实得益于美国著名的效率专家艾维·利。在一次拜访的过程中，艾维·利给我上了生动的、最有价值的一课。"

艾维·利说："我可以让伯利恒钢铁公司的业绩在 10 分钟之内提升 50%。"

舒瓦普说："这真的是难以置信。"

"请你拿出一张白纸，在上面写下你明天要做的 5 件最重要的事情。"舒瓦普用 5 分钟完成了这件事情。

艾维·利接着说："现在按照这 5 件事情对你公司的重要性将次序排列一下。"做这件事又花费了舒瓦普 5 分钟的时间。

艾维·利微笑着说："好了，保存好这张纸条，明天上班后按照这张纸上的次序将这些事情做完。"

"每一天都要这样做，只需要你花费十分钟的时间，当你发现这么做的好处后，你也可以将这个实验让你的员工们一起来做。"艾维·利最后说。

一个月之后，艾维·利接到了舒瓦普的来信，信上说，那是他一生中最有价值的收获。

5 年之后，伯利恒钢铁公司成了世界上最大的独立钢铁厂。

任何工作都有轻重缓急之分。只有分清哪些是最重要的并把它做好，你的工作才会变得井井有条，卓有成效。因此，任何一项工作都不

能不考虑效率，在提高效率的技能中，组织时间的能力尤为重要。人们往往把失败的原因归结到缺少时间上，殊不知不会合理安排时间才是他们失败的根本原因。做事之前要合理地安排你的工作日程。如果没有安排好自己的时间，就有可能被别人打乱工作计划。管理好自己的时间是一件要长期坚持做的事情，要时刻提醒自己不能被一些无关紧要的事情分散注意力。

第五章　自动自发，别拿“老板不在”当借口

做事要积极主动。任何一个员工，都不能只是被动地等待老板告诉你应该做什么，而是应该主动去了解自己应该做什么，还能做什么，怎样精益求精，做得更好，并且认真地规划它们，然后全力以赴地去完成。

1. 主动一些，不要只做老板吩咐你的事

比尔·盖茨曾说:“一个好员工，应该是一个积极主动去做事，积极主动去提高自身技能的人。这样的员工，不必依靠管理手段去触发他的主观能动性。”微软副总裁李开复也说过相似的话:“不要再只是被动地等待别人告诉你应该做什么，而是应该主动地去了解自己要做什么，并且规划它们，然后全力以赴地去完成。”想想那些最成功的人，有几个是唯唯诺诺、等人吩咐的人？因此，我们要学会主动工作。主动是一种态度，更是一种可贵的风范。它集中体现了一个人旺盛的生命激情，它反映在人的思维、行动以及整体的气质面貌上。一个人工作中存在的种种困境，大都是主观原因造成的。如果这个人能勇于面对那些看似不利的局面，不断激发热情、开拓思维、提高能力，那么棘手的问题就会迎刃而解。

☆ ☆ ☆ ☆ ☆ ☆

吴荔是一家公司的秘书，她的工作就是整理、撰写、打印一些材料。吴荔的工作单调而乏味，很多人都这么认为。但吴荔觉得自己的工作很好，她说:“检验工作的唯一标准就是你做得好不好，不是别的。”吴荔整天做着这些工作，做久了，发现公司的文件中存在着很多问题，甚至公司的一些经营运作方面也存在着问题。于是，吴荔除了做每天必做的工作之外，还细心地搜集一些资料，甚至是过期的资料，她把这些资料整

理分类，然后进行分析，写出建议。为此，她还查询了有关经营方面的书籍。最后，她把打印好的分析结果和有关证明资料一并交给了老板。老板起初并没有在意，一次偶然的机会，老板读到了吴荔的这份建议。这让老板非常吃惊，这个年轻的秘书，居然有这样缜密的心思，而且她的分析井井有条，细致入微。后来，吴荔的建议中有很多条都被采纳了。

老板很欣慰，他觉得有这样的员工是他的骄傲。当然，吴荔也被老板委以重任。

☆……☆……☆……☆……☆……☆……

在职场里，有两种人永远无法取得成功：一种人只做老板交代的事，另一种人做不好老板交代的事。这两种人都是老板首先要炒“鱿鱼”的人，或者是在卑微的工作岗位上耗尽终生的精力而毫无成就的人。一个人能否积极主动地工作，关系着他能否把工作做好。一个人无论能力高低，只要能够积极主动地做好自己的事情，能够认真负责地做好自己的本职工作，就是老板需要的人才。只要抱着这种态度，任何人都会成功。

成功偏爱主动工作的人。在任何一个组织里，制度都不可能把所有的事情界定清楚，在工作中，我们也经常会遇到制度并没有界定或明确的事情，这种情况通常发生在公共职责区域或职责盲区内。然而，这些事情倘若没有完成，又会拖慢整个工作的进度，致使工作不能及时完成。在这种情况下，任何一个企业的老板都希望在这种意外的情况出现时，员工能够主动站出来，多想一步，多做一点，承担起这一份额外的职责。可见，同样的一份工作，只要有心多想一点，总可以做得更好一些。当你尽心尽力地去做一份工作时，受益的不仅是你的领导，你所服务的公司，还有一个最大的受益者，那就是你自己。

美国鼎鼎有名的女律师詹妮芙·帕克小姐曾打赢了一场别人都认为不可能赢的官司。

当时，一位名叫康妮的小姐被美国“全国汽车公司”制造的一辆卡车撞倒，导致康妮小姐被迫截除了四肢，骨盆也被碾碎。但是在法庭上，康妮小姐说不清楚自己是在冰上滑倒摔入车下，还是被卡车卷入车下，对方的辩护律师马格雷先生则巧妙地利用了各种“证据”，推翻了当时几名目击者的证词，康妮小姐因此而败诉。

深感绝望的康妮小姐向詹妮芙·帕克求援，詹妮芙对康妮小姐的遭遇深表同情，于是决定为她讨回公道。之后她调查了“全国汽车公司”近5年来的15次车祸，结果发现事故发生的原因完全相同，该汽车的制动系统有问题：紧急刹车的时候，车子的后轮会打转，以至于把受害者卷入车底。

于是，詹妮芙找到对方的辩护律师马格雷说：“卡车的制动装置有问题，你故意隐瞒了此事。我希望汽车公司拿出200万美元给康妮小姐作为赔偿，否则我们将会提出控告。”

马格雷是一名非常有经验的律师，他听了詹妮芙的话并没有反驳而是说：“好吧，不过，我明天要去伦敦，一个星期之后才能回来，到时候我们再来研究一下，看看具体怎么做。”

可是一个星期过去了，马格雷却没有露面，詹妮芙对此感到奇怪，她翻看了日历，才恍然大悟，原来诉讼时效已经到期了。

詹妮芙几乎快被气疯了，心里直骂马格雷卑鄙，也责怪自己为什么没有注意诉讼时效呢，尤其当她从秘书口中得知案卷至少得花三四个小时时间才能准备好，她更是急得团团转，因为时间根本来不及。正当其他人劝她想开点时，她并没有放弃希望，而是极力开动脑筋想办法。忽然，她想起“全国汽车公司”在美国各地都有分公司，何不利用时差把起诉的地点向西移呢？隔一个时区就差一个小时啊！最后詹妮芙决定在夏威夷起诉，这样就有整整五个小时的时间准备。

由于赢得了时间，法庭上，詹妮芙以雄辩的事实，催人泪下的语言，使陪审团的成员们大为感动。最后，陪审团一致裁决：康妮小姐胜诉，“全国汽车公司”赔偿康妮小姐600万美元损失费。

本来一场在别人看来不可能赢的官司，却被詹妮芙打赢了，而且赢得非常漂亮。她靠的就是主动解决问题的韧劲。试想一下，如果当时她也跟别人一样，都认为时间来不及了，因而选择放弃，那么她就正好中了马格雷下的圈套。所以，在工作中遇到问题，不要轻言放弃，而应该坚持主动的原则：主动去解决问题。一个人在工作时所表现出来的精神面貌，不仅会对工作效率和质量有影响，而且对他品格的形成也有很大帮助。不管你的工作和地位是如何的平凡，倘若你能够主动地工作，就有施展才华和升职的机会。公司虽然是老板的，但舞台却是自己的。换句话说，成为工作的主人还是被工作所奴役，完全取决于自己对待工作的态度。主动工作的人往往更容易把握工作的主动权，也更容易从工作中找到成就感和幸福感。成功的机会不会白白降临到你我的身上，只有那些主动做事、主动工作的人才能获得更多的机会。但遗憾的是，意识到这一点的人并不多。

2. 坚决执行，拒绝任何借口

在生活和工作中，我们经常会听到这样或那样的借口。这些借口在我们的耳畔窃窃私语，告诉我们不能做某事或做不好某事的理由，它们好像是“理智的声音”“合情合理的解释”。然而，经常为自己的工作找借口，是自己进步的大敌。经常找借口的人，慢慢会变得消极颓废，遇到困难和挫折时，不是积极地去想办法克服，而是去找各种各样的借口，久而久之就成了一个消极的人，也最终剥夺了自己成功的机会，使自己一生一事无成。

经理让小陈拟一份计划，小陈去书店找资料。他先到了第一家书店，书店工作人员说:“刚卖完。”之后去了第二家书店，营业人员说:“已经去进货了，要隔几天才有。”小陈又去了第三家书店，可是这家书店根本没有这类的书。快到中午了，小陈只好回公司，见到经理后，小陈说:“跑了三家书店，快累死了，都没有，过几天我再去看看!”第三天，计划要交了，经理问小陈要计划，小陈说:“书店根本没有这方面的资料!”经理说:“你找了几家书店？全北京城都没有吗？图书馆也没有吗？网上也没有吗?!”小陈很不乐意地说:“反正我也努力了……”

小陈的行为其实就是找借口。这样的借口有什么用？上司给你下达的任务，要的是结果不是借口。你努力了但结果呢？很多时候，当遇到各种失败或者困难时，我们常常会抱怨一些外在的条件，甚至怀疑自己的能力，把困难看得比天还大，把希望和努力想得比针尖还小，那么就只剩下抱怨和找借口了，而找借口的唯一好处就是安慰自己，获得些许心理慰藉。然而，老板最痛恨的就是找借口的员工，说明他没有能力承担问题，没有能力在错误中寻找方法，也没有资格受领导的重用。我们应该时刻记住“在结果面前堵住借口”这句话。因为有结果永远比借口要好。结果，是衡量一名员工有无责任心的一个标准。不要利用任何借口来掩饰自己的过错，从而忘却自己应承担的责任。借口只能让你的情绪获得短暂的放松，却丝毫无助于问题的解决。

在美国某著名公司的新员工录用通知单上印有这样一句话，“最优秀的员工是像恺撒一样拒绝任何借口的英雄!”世上没有什么是不用费劲就可以自然做成的。拒绝借口，就是要断绝一切后路，倾注全部的心血于你的事业之中，抱定任何阻碍都不能使你向后退的决心——这样的精神是最宝贵的。

☆☆☆☆☆☆

周晓彤是某外企的公关人员，有一次，公司要和一家跨国公司谈一个合作项目，双方商定在“五一”期间去九寨沟，讨论合作的相关事宜。当时正值旅游高峰时期，九寨沟的房源非常紧张。周晓彤的公司和客户一行将近十几个人，因为要谈公事，所以他们必须住到同一家宾馆。原来周晓彤订的是五星级酒店，但是后来由于酒店方面操作失误，结果发现客人到达后已经住满了。无奈之下，周晓彤代表公司再三向客户道歉，并对客户承诺一定解决这个问题。

之后，周晓彤准备向领导汇报这一情况，但当时天色已晚，公司那边已经下班，周晓彤不愿意再打扰忙碌了一天的领导，于是决定自己解决问题。她首先把两方客人安排到茶屋休息，然后想方设法找宾馆，她打了不下30个电话，终于找到了一家合适的五星级酒店。十几位客户顺利地住进了这家酒店，并对周晓彤的工作很满意。接下来的几天里，双方谈判非常顺利，并且签下了合作协议。回到公司后，老板对周晓彤大加赞赏，不仅给她加了薪水，还升了她的职。

☆……☆……☆……☆……☆……☆……

在工作中必然会遇到各种各样的问题，对此，往往有两种态度：一是找借口躲避；一是找方法解决。两种态度，不仅是工作效果上的差别，而且是不同命运的天壤之别：主动找方法的人，必然是发展最快最好的人；不断找借口的人，必然是最没有发展的人！在老板眼中，没有任何事情比一个员工提供成果，更能表现出他的责任感、主动性和独当一面的能力。一个经常为老板解决问题，而不是把问题留给公司和老板的人，当然能得到老板的青睐。

在激烈的市场竞争中，只有成功和失败。失败就是失败，失败没有借口，失败就意味着在竞争中落后被动。有了成果，我们才能获得报酬、获得财富；有了成果，我们才能谈尊严。这是一个亘古不变的道理。作为一名员工，无论你曾经付出了多少心血，做了多大努力，也不管你学历有多高，工作年限有多长，人品如何高尚，只要你拿不出令人满意的结果，那么老板就会觉得他付给你薪水是在浪费金钱。因此，在工作中，如果你发现自己经常为了没完成某些工作而找借口，或是想出千百个理由来，为没能如期实现目标而辩解，那么就应该面对现实，迅速改变自己。

3. 找借口和理由伤害最大的是自己

在工作中，找借口和理由是世上最容易的事，人们可以找到很多的理由自我安慰，掩饰自己的错误。然而，它却是一张滋生失败的温床。利用借口逃避责任，最大的受害方并不是公司的领导者，而恰恰是那些找借口的人。

其实，无论是在工作中还是在生活中，人们都不喜欢找借口的人。试想，如果你与某人约好时间见面，而他迟到了，见面张口就说路上车太多了，或者是他在门口迷路了等，你会怎么想？生活中只有两种行动：要么努力地表现，要么就是不停地辩解。没有人会喜欢爱辩解的人，那些动辄就说“我以为”“我猜”“我想”“大概”的人，想想吧，你们从这些话中得到了些什么？当然，我们并不能解决“路上堵车”的问题，也不太可能等外部条件都完善了再开始工作，但就是在这种既定的环境中，就是在现有的条件下，我们同样可以把事情做到极致！我们无法改变或支配他人，但一定能改变自己对借口的态度——远离借口的羁绊，抵制借口对自己的影响力，坚定完成任务的信心和决心。

☆☆☆☆☆☆

李先生工作得很出色，但他有一个不好的习惯，那就是经常迟到。一开始，老板觉得他工作出色，并没有说什么。有一次，老板约好一个客户，让李先生去签合同。由于知道李先生有迟到的毛病，老板就特地叮嘱李先生早一点儿到。可是到了第二天早上，李先生又迟到了半个小时。等到李先生到达客户那里的时候，客户已经离开办公室去出席一个会议了。李先生赶紧给客户打电话。客户一接电话便严肃地质问:“为什么迟到，害得我等了将近半个小时?”

李先生连忙回答说:“主要是因为我孩子老师今天找我，所以迟了。”客户听了，冷冷地说了一句:“借口就不用说了。”

李先生说;“那我们再约个时间谈谈吧!”

这时客户说:“不用了，我们这个项目到此为止吧。”

李先生没办法，只好无奈地回公司去了。当老板了解到他竟然又因为迟到而使公司失去了已经到手的生意时非常愤怒，一气之下就把李先生辞退了。

☆……☆……☆……☆……☆……☆……

经常找借口，最受伤害的是自己。要是李先生改掉这个找借口的坏习惯，又何至于丢了工作呢？身在职场，任何情况下都不能找借口。要敢于承担工作所赋予我们的责任，要敢于正视失败和工作中的各种问题，不拖延、不逃避！老板或许并不了解每个员工的表现或熟知每一份工作的细节，但是一位优秀的管理者很清楚，努力最终带来的结果是什么。可以肯定的是，升迁和奖励是不会落在找借口的人身上的。借口让我们暂时逃避了困难和责任，获得了些许心理的慰藉。但是借口的代价却无比的昂贵，借口会让我们丢掉工作，毁掉前途，养成拖延、懈怠、不思进取的恶习，最终把我们的人生也毁掉。

如果养成了寻找借口的坏习惯，当遇到困难和挫折时不是积极去想办法克服，而是去找各种各样的借口，那么潜台词就是“我不行，我不可能做到”，这种消极心态剥夺了个人成功的机会，最终让人一事无成。如果你不想自己的结局是这样，请学会拒绝借口！如果在工作中做到不找借口，我们的事业会更加成功，生活会更加幸福美满！

4. 勤奋努力，每天多做一点点

著名球星乔丹说：“在朝气蓬勃的美国高中篮球队中，你会发现，那些多做了一点努力，多练习了一点的小伙子成为了球星，他们在赢得比赛中起到了关键性的作用。他们得到了球迷的支持和教练的青睐。而所有这些只是因为他们比队友多做了那么一点努力。”在商业界，在艺术界，在体育界，在所有的领域，那些最知名的、最出类拔萃者与其他人的区别在哪里呢？答案就是多勤奋、多努力那么一点点。

成功靠什么？从某种意义上讲，就是靠每天比他人“多做一点点”。古人云：业精于勤，荒于嬉。这里所说的“勤”，也就是比别人多做一点点，付出更多的劳动和努力。不要小看这“一点点”。古语说：“集腋成裘，积沙成丘。”如果我们确确实实地做到每天比别人多做一点点，那么，日积月累，我们就能比别人拥有更多的收获，取得更大的成就。每天多做一点点，意味着改变自己——一件事情会影响一个人的命运，几件事情会改变一个人的一生。只要你每天多做一点点，每一天都是一个阶梯，都是新的一步——向着既定的目标。换句话说，只有不断地追求才有不断的进步。只有不断地行动，才有不断的成就。每天多做一点点，日积月累，作为普通员工的你也会登上成功的阶梯，摘取令人满意的成果。

张雪刚进入一家培训公司的时候并不特别显眼，相对其他员工来说，她学历不是最高，工作也不对口。但她却毫无疑问是公司里最勤奋的一个。不管做什么，都比别人做得更多。

一次，老板急于为论坛找些时间管理方面的资料，就把这个任务交给了张雪。张雪为了使资料更丰富完备，加班加点找了好几万字的资料，分门别类打印出来，又为老板拟好了演讲的大纲。老板原来只是想着让她找些资料，没想到张雪做得这么好，心中很是欣赏她。于是就带着张雪一起出席论坛。张雪凭着自己平日里积累的资料和勤练出来的好口才在论坛上一炮而红，成为了培训界的一颗新星，也成为公司里的明星。

☆……☆……☆……☆……☆……☆……

张雪之所以比她的同事发展速度更快，就在于她比别人更勤奋、更努力、准备更充分。只有每天在工作中比别人做得多一点，才能够真正实现自我蜕变，从众人中脱颖而出。对于每一个职场人来说，只有我们能够给企业创造更大的价值，我们才能够更受到重视，才能够有机会走上更高的职业阶梯，至少也更容易在企业中稳固扎根。

在这个世界上，很多比我们成功，比我们更有天分的人依然在拼搏和努力，我们又有什么理由停滞不前呢？其实我们追求的并不是比别人过的有多好，而是实现自己想要的一种生活。但不论这样的生活是什么样的，相信都是每个人心中成功的样子，需要我们努力去赚取。当你每一天都比平时的自己更加努力一点，并将这一点坚持下去，就会是一份巨大的收获。每天坚持比别人多努力一点点，你的人生会大有不同！

……☆……☆……☆……☆……☆……☆

张艺谋的成功在很大程度上源于他对电影艺术的诚挚热爱和忘我投入，源于他持续不断的努力。正如传记作家王斌所说的那样:“超强的智慧和敏捷固然是张艺谋成功的主要因素，但惊人的勤奋和刻苦也是他成功的重要条件。”拍《红高粱》

的时候，为了表现剧情的氛围，他亲自带人去种出一块100多亩的高粱地；为了拍“颠轿”一场戏中轿夫颠着轿子踏得尘土飞扬的镜头，张艺谋硬是让大卡车拉来十几车黄土，用筛子筛细了，撒在路上；在拍《菊豆》中杨金山溺死在大染池那一场戏时，为了给摄影机找一个最好的角度，更是为了照顾演员的身体，张艺谋自告奋勇地跳进染池充当“替身”，一次不行再来一次，直到摄影师满意为止。

1986年，摄影师出身的张艺谋被吴天明点将出任《老井》一片的男主角。没有任何表演经验的张艺谋接到任务，二话没说就搬到农村去了。他剃光了头，穿上大腰裤，露出了光脊背。在太行山一个偏僻、贫穷的山村里，他与当地乡亲同吃同住，每天一起上山干活，一起下沟担水。为了使皮肤粗糙、黝黑，他每天中午光着膀子在烈日下暴晒；为了使双手变得粗糙，每次摄制组开会，他不坐板凳，而是学着农民的样子蹲在地上，用沙土搓揉手背；为了电影中的两个短镜头，他连打了两个月猪槽子；为了影片中那不足一分钟的背石镜头，张艺谋实实在在地背了两个月的石板，一天三块，每块150斤。

在拍摄过程中，为了能达到逼真的视觉效果，张艺谋真跌真打，主动受罪。在拍“舍身护井”时，他真跳，摔得浑身酸疼；在拍“村落械战”时，他被打得鼻青脸肿。在拍旺泉和巧英在井下那场戏时，为了找到垂死前那种奄奄一息的感觉，他硬是三天半滴水未沾，粒米未进，连滚带爬拍完了全部镜头。

☆……☆……☆……☆……☆……☆……

一分付出一分收获，付出多少就能得到多少！所有成功都离不开勤奋。天道酬勤，只有勤奋刻苦的人，才有资格享受到成功的美酒！这是天道，是真理，更是世间成功的至理。

一个成功的推销员曾用一句话总结他的经验："你要想比别人优秀，就必须坚持每天比别人多访问五个客户。""坚持比别人多做一点点"——这是无数成功者的秘诀。

5. 动动脑筋，实干还要加巧干

有这样一句俄罗斯谚语："巧干能捕雄狮，蛮干难捉蟋蟀。"这句话道出了一个真理，即做事要讲究方法。在工作中，实干不是蛮干，苦干还要巧干。有的人干了很久，可是看不到成功的踪影。为什么？缺巧干。如果说苦干实干做的是加法，那么巧干做的则是乘法，事半功倍也就是这个道理。爱因斯坦曾经提出过一个公式：W = X + Y + Z。这里，W 代表成功；X 代表勤奋；Z 代表不浪费时间，少说废话；Y 代表方法。从这个公式中我们可以得出，正确的方法是成功的三要素之一。在工作中，如果只有刻苦努力的精神和脚踏实地的作风，而没有正确的方法，是不会取得成功的。

……☆……☆……☆……☆……☆……☆

小张与小黄毕业于某名牌大学企业管理专业，并同时进入一家中型企业。小张工作努力认真、踏实肯干，除了工作就是工作，他好像总有做不完的事，而且还常常主动留下来加班，天天工作到很晚才下班，但遗憾的是工作业绩平平。

小黄呢？如果用传统的"认真"来衡量，他则有些"不

务正业”，他的想法和做事的方式都与众不同，从不墨守成规的他总是琢磨一些“懒办法”——别人两小时完成的，他就想办法争取一个半小时完成；相同条件下，别人做到10分的效果，他要努力做到12分……主管交给他的任务，他不但能完成得干净利落，而且效果都能令人满意。做完主管安排的工作后，小黄还经常主动向主管申请做一些额外的工作，而且工作之余他还经常主动去找同事、主管交流工作中存在的问题，很快就与大家建立了很好的工作和私人关系。

一年后，小黄得到提拔并被委以重任，小张则只获得象征性的加薪鼓励。这让小张心里非常不平，认为小黄工作没自己认真，而且还总是逢迎拍主管马屁，凭什么业绩考核反而比自己好？而且还受到公司的重用？自己为公司付出了那么多，反而落得竹篮打水一场空。他越想越觉得不好受，于是向总经理递交了辞呈。

☆……☆……☆……☆……☆……☆……

现实中，类似小张这样的人并不在少数。人们习惯地认为“老黄牛”式的员工就是好员工，但事实上，“努力”工作的人并不一定会受到老板的赏识。即使你付出了百分之二百的努力，如果没有给企业带来实际的效益，要想得到老板的赏识也是不太可能的。在这个以效率为先、靠业绩说话的时代，努力工作固然重要，但更重要的是要用脑子，蛮干很难得到认可和赏识。

在企业里，我们常常看到这样一种人：桌上摆满了文件，总是一副日理万机的样子。他们看起来工作十分认真，也充满了热忱，从来不多休息。有时下了班，还要加班到很晚，他们以为这样做就能给老板一个好印象，他们认为要想往上爬就要付出这样的代价，这样才能得到大家的好评和老板的重用。实际上，老板更喜欢能在有效工作时间内高效完成工作的员工，而不是那些由于工作效率低而不得不加班的员工。

……☆……☆……☆……☆……☆……☆

一天，一家建筑公司的经理突然收到一份账单，账单上所列的东西不是任何建筑器材，而是两只小白鼠。总经理不由心生疑惑：公司买两只小白鼠干什么？他有些生气，找到那个买小白鼠的员工：“你觉得小白鼠很好玩是吗？你为公司买两只小白鼠到底要做什么？”

员工答道：“我们要把电线穿过一根10米长但直径只有2.5厘米的管道，而且管道砌在砖石里，并且拐了4个弯。当时，小王和小李费了很大劲儿把电线往里穿，却怎么也穿不进去。后来我想了一个好主意，到一个宠物店买来两只小白鼠，一公一母。然后把一根线绑在公鼠身上并把它放到管子的一端。另一名工作人员则把那只母鼠放到管子的另一端，并且逗它吱吱叫。当公鼠听到母鼠的叫声时，便会顺着管子跑去救它。公鼠顺着管子跑，身后的那根线也被拖着跑。我把电线拴在线上，小公鼠就拉着线和电线穿过了整个管道。”

经理听了恍然大悟，惊喜万分，他想不到这个员工原来这么聪明。从此，这个员工就成了经理身边的红人，一直被老板重用。

☆……☆……☆……☆……☆……☆……

做事不讲方法，只知道低着头一味蛮干，那只是在浪费时间和精力。我们要把每一分力气都用在它该用的地方，让每一分努力都有成效，而不是整天忙忙碌碌，跑来跑去，一副工作很忙、很努力的样子，但是实际上并没有取得什么工作成果。所以，员工不仅要做到双手勤奋，而且也要多动脑。思想决定成败，头脑决定前途，有思想有头脑的员工才是最有价值、最有发展前途的员工。

6.要改掉拖延的恶习

大多数人都存在拖泥带水的习惯，老板交代的任务总是一拖再拖。拖延时间是一种恶劣的习惯，然而很少有人能够保证自己在工作中从不拖延时间，也很少有人承认正是拖延的行为使自己渐渐产生了惰性。懒惰的员工没有进取心，不愿意参与竞争，有机会就偷懒，他们是不会勤奋的。事实证明，这样做到头来受害的是他们自己。老板和员工随时都要提醒自己“凡事拒绝拖延”这句话，如果有一件事情终究得你去做的话，你应该马上去做。如果等到最后一分钟才去做，你会发现自己会变得很焦虑，在处理过程中很容易犯错，得到的结果也不尽如人意。

传说五台山上有一种鸟，长着四只脚和一对翅膀，人们叫它“寒号鸟”。春天，百花盛开，寒号鸟身上长满了羽毛，它懒得动，也不去找食物，饿了吃树叶，渴了喝露水。春、夏、秋就这么过去了！冬天来了，天气冷极了，小鸟们都回到自己温暖的巢里。这时的寒号鸟，身上漂亮的羽毛都脱落了。夜间，它躲在石缝里，冻得浑身直哆嗦，它不停地叫着：“好冷啊，好冷啊，等到天亮了就造个窝吧！”天亮后，太阳出来了，温暖的阳光一照，寒号鸟又忘记了夜晚的寒冷，于是它又不停地唱着：“得过且过！得过且过！太阳下面暖和！太阳下面暖和！”寒号鸟就这样一天天地混着，过一天是一天，一直没能给自己造个更好的窝。最后，它没能混过寒冷的冬天，冻死在岩石缝里了。

☆……☆……☆……☆……☆……☆……

在现实生活中，有些人只顾眼前，得过且过，他们行动拖拖拉拉，做事情喜欢推诿，总是拖一天算一天，跟寒号鸟没有多大区别，结果可想而知。因此，我们要养成今日事今日毕的习惯，说做就做，绝不拖到明天去处理。在老板的眼里，只有高效率地完成工作的员工才称得上优秀的员工。高效率就是以最短的时间高质量地完成工作，故意拖延时间只能葬送自己的前程。

拖延和懒惰是分不开的。拖延是因为人的惰性在作怪，每当要付出劳动或要做出抉择时，人们总会为自己找出一些借口，总想让自己轻松些、舒服些。有些人能在极短的时间内果断地战胜惰性，积极主动地面对挑战；有些人却陷于“激战”的泥潭，被惰性拉来拉去，不知所措，无法定夺……时间就这样一分一秒地浪费了。人的惰性是一种可怕的精神腐蚀剂，它可以让人整天无精打采，对生活和工作都消极颓废。富兰克林说:“懒惰就像生锈一样，比操劳更能消耗我们的身体。”萧伯纳则说:“懒惰就像一把锁，锁住了知识的仓库，使你的智力变得匮乏。”我们只有改掉懒惰和拖延的坏习惯，认真勤奋、充满激情地投入工作，才能超越平庸、创造奇迹。在工作中一味地懒惰和拖延，最后受害者将是自己。

……☆……☆……☆……☆……☆……☆

罗拉德是一个办事拖拉的员工，不管当下有没有时间，他都习惯于拖一下再做。例如，在工作中罗拉德常常积压一大堆邮件。如果哪一封信中牵涉到一个棘手的问题，他就把它搁置一旁，找一封容易答复的信去处理，结果，他的邮箱里总有很多等待处理的邮件。

其中有一封邮件是一家大客户发来的律师函，涉及一起官司，要求公司派法务紧急联络，处理相关事务。罗拉德本来想提前处理的，一看涉及很多部门，他需要向多个部门发邮件，而且还要向总办汇报具体情况，他就想着拖一拖，待会儿再处理，先处理别的邮件。但要命的是，罗拉德这一拖，就把这封邮件忘了。直到开庭，公司除了罗拉德，也没有任何人知道有这封律师函。由于公司没能及时应对，结果损失了一笔不小的赔偿金，罗拉德也被老板炒了鱿鱼。

拖延是成功的最大敌人之一。一个企业家可能因为没能及时做出关键性的决策而失败，一个学生可能因为没有及时掌握应有的知识而失去上大学的机会。拖延到头来只会导致问题铢积寸累，难上加难。拖延并不能省下时间和精力，刚好相反，它使你心力交瘁，疲于奔命。不仅于事无补，反而白白浪费了宝贵时间。

懒惰和拖延是日常工作中非常严重的坏习惯。一个人对工作任务的拖延，一方面会影响整个团队的工作进度，影响整个团队最终的成绩；另一方面，因为每天都要面临新的任务、新的问题、新的挑战，一项任务的拖延，势必会影响到整个工作进程，就好像滚雪球一样，拖欠的工作堆积越多，到后来越被动越难完成，并影响到后续的很多工作。懒惰和拖延只会导致一个人平庸，是否平庸的关键不在于工作的性质，而在于你从事这些工作的动机、兴趣和热情。用从内心深处散发的激情工作，就一定能够出色地完成。那么，有什么方法可以消除在工作中懒惰和拖延的坏习惯呢？要医治懒惰和拖延的坏习惯，唯一的方法就是当工作来时，立刻动手去做。

因此，现在就动手改掉拖延和懒散的陋习吧！如果你想行动，那么你就应该立即开始，否则，事情还是会不断地困扰你，使你觉得烦琐无趣而不愿意动手。任何伟大的目标、伟大的计划，最终必然落实到行动上才能实现，行动是完成计划奔向目标获得成功的保证。有行动才能有效率、有行动才能成功。

……☆……☆……☆……☆……☆……☆

朱迪亚是美国夏威夷一家制衣公司的员工，她所在的公司一直在生产着传统的夏威夷人喜欢穿的罩袍。这些罩袍只有一种尺码，花色呆板，并缺少变化，而且由于是成批生产，制作得极为粗糙，看上去千篇一律，一点也不适合人们在各种场合穿戴。朱迪亚决定对罩袍进行改进，并且立即把这个想法付诸行动。她想先为自己缝制一件罩袍，并穿在身上，这样将来在公司对罩袍进行改进时就更有说服力了。于是，她买来了能体现个性特色的印花布，通过精心地裁剪，使罩袍不仅保持原来舒适的特点，又能够适合自己身材尺寸。此外，她还为罩袍精心设计了漂亮的花边。这种特殊的设计，马上引起了房东太太的兴趣，要求朱迪亚为自己照样缝制一件。穿上朱迪亚为她量身定制的传统罩袍，房东太太非常惊喜，她怎么也没有想到，这种司空见惯的传统服装，居然也可以做得如此适合于自己的身材。当朱迪亚把她想改进公司生产传统罩袍的想法告诉同事们时，几乎人人都惊讶地连连摇头："难道你不知道在夏威夷各大旅馆、服装店和旅游中心陈列着成千上万件罩袍？它们都是传统式样，没有人敢去改进它啊！"

然而，朱迪亚却不这么想，她决心要试一试。因为，她坚持这样一个准则：只要想做，就立即执行。朱迪亚把自己的想法告诉了公司老板，并立即得到了老板的支持。她便亲自去负责选购布料和为上门的顾客测量尺寸大小，然后将布料交给其他同事去裁剪和缝制。就这样，在这家生产传统罩袍的公司里，开始生产出了一件件漂亮又适合人们身材的新式罩袍，公司的生意开始红火起来。在朱迪亚的努力下，后来公司还把这种独特的服装推销到美国本土的其他许多城市。

☆……☆……☆……☆……☆……☆……

优秀的员工做任何工作都不会拖延，因为他们能深刻认识到拖延是成功最大的敌人。很多事情要的就是速度，因为机会稍纵即逝。所以在工作中一定要改掉拖拉的恶习，棋争一着先，千万不要犹豫不决，拖拖拉拉。在你迈向成功之时，很可能拖延的恶习会成为最大的阻碍。只有超越这个障碍，改掉这个恶习，实现自己的目标，才能获得老板的信任。

第六章　敢于担当，不要把问题丢给老板

在企业的发展过程中，问题会时不时出现，就像每个人都会生病一样。所以，老板迫切需要的是那种能及时解决问题的人才。一个经常为老板解决问题的人，肯定能最先得到老板的青睐和提拔。敢于担当，做个能办事的人。这样，你的老板就会带着高职厚薪来找你！

1. 勇于担当，老板的事就是自己的事

敢于担当是成功的第一要素。敢于担当与每一个人的工作、生活都不可分离。一个敢于担当的人，从容而不浮躁，充实而不空虚，真诚而不虚荣。一名优秀的员工，应该敢于担当。工作中抱有主人公的心态，老板所关心的也应该成为你所关心的，老板的事也应该是你的事，员工与老板在一起，为公司更好的发展而出谋献策。“桥的价值在于承载，人的价值在于担当。”敢于担当，生命才会更有意义。

担当是一种态度，亦是一种责任。一个普通员工小刘在谈到她被破例派往国外公司考察时说:“我和某位同事虽然同样都是研究生毕业，但我们的待遇并不相同，他职位高一级，薪水高出我很多。庆幸的是，我没有因为待遇不如人就心生不满，仍是认真负责地做事。当许多人抱着多做多错、少做少错、不做不错的心态时，我尽心尽力做好我手中的每一项工作。我甚至会积极主动地去找事做，了解领导有什么需要协助的地方，事先帮领导做好准备。在后来挑选出国考察人员时，我是唯一一个资历浅、级别低的普通员工，这在公司里是极为少见的。”每个员工都应该明白，工作的职责就是你的使命。在获得回报之前，你必须先承担起相应的工作责任，将责任感和使命感融入到工作中，做好该做的事，负起应负的责任，即使困难重重，也要顶着压力干、迎着风险干，自觉做到敢担当，能担当。这是成为一名优秀员工，成就一番伟大事业的前提。

刘晓菲毕业后进入一家化妆品公司工作，培训结束后，经理决定让一个富有经验的老员工到华南一个城市里建立一个新的市场拓展点，公司在背后提供一些人力和物力的支持。但是，当经理提出这个建议时，那些老员工们个个低头沉思，都没有主动请缨。此时，经理的目光在刚进入公司的一些新人身上巡视了一遍，大家也都低下了头。此时，刘晓菲热血沸腾，举起手说:“报告经理，我想去。”

“但是，你……”经理话还没有说完，刘晓菲便抢着说:“我会努力地把事情做好的。”出于对新员工的考验，经理同意了她的要求。下班后，刘晓菲为自己一时的冲动有些后悔，回到家中，父母和哥哥也指责她少不更事。但是，刘晓菲却鼓励自己说:“就冒这一次险，全当是对自己的一次磨炼。”

因为对刘晓菲这个新员工胆识的赏识，公司给她制订了一套严谨的工作方案，并在后方提供咨询服务。经过三个多月的艰苦奋战，刘晓菲终于在华南的那个城市里建起了一个小规模的市场拓展点，因此，被提拔为那里的部门副经理。同时，在开展这项工作的过程中，她的见识和能力也因此实现了飞跃式的进步。

无论你从事的是何种职业，无论你现在身处何方，都不要以为自己只是在为老板工作。如果你认为工作的最终受益者是老板，那你已经犯了一个大错。不管你现在的薪水高低，不管你现在是否得到老板的器重，只要你尽职尽责，全心全意地做好本职工作，毫无吝惜地将精力与热忱投入工作中，你会发现：为老板干，就是为自己干。只要你敢于担当，勇于负责，你的机会将无处不在。

古人云:“顺境逆境看襟怀，大事难事看担当。”能否担当，担当大小，体现了一个人的胸怀、胆识和气魄。胸怀大了，境界才能宽，做人做事的格局才会大。胸怀坦荡，光明磊落，想问题、看事情才能具有宽广的视野，才能洞察事物的发展大势和基本走向，才能够从大局出发，才能够敢于担当、有所担当。

赵云是一家公司销售分公司的经理，有一次公司的产品在他负责的区域发生了一起质量事故，而恰好当地的负责人又出差不在。按照惯例，这种情况必须由他出马，在第一时间内赶到现场处理。可是赵云知道他面临的问题非常棘手，害怕担当责任。于是，在总公司给他下指示之前，赵云以身体有病为由，向公司告假。

在这种情形下，总公司只好派了一位赵云的助手去处理。助手毕竟情况不熟，经验不足，不但没使事态平息，而且使事件进一步升级，影响更坏。总公司不得不另外派人去处理，最后这次质量事故引起的风波虽然得到了平息，但是公司付出了很大的代价。

公司最后肯定要追究责任，经过调查，如果赵云第一时间赶到现场处理的话，就不会造成那么大的损失。但是赵云却以自己告假为由，称自己并不知道这起事件的具体情况，一切都是助理去处理的。虽然赵云把责任推到了助理身上，但是总公司还是对赵云的工作态度不满，不久，就调离了他。

通常我们对一个人的评价好坏，关键在于他是否敢于担当。敢于担当必须放下个人得失，遇到困难不退缩，为自己的行为负责。无论是在工作还是生活中，我们都必须要有这样一个信念，事不避难，敢于担

当，不找任何借口。一个成功的人是不会去逃避他自己的任何责任的。担当的担子挑的是沉甸甸的责任。因此，在工作中，我们不能采取回避、躲闪、推脱的方式当甩手掌柜，要把担当扛在肩上，带头勇挑重任。敢于担当，才能赢得老板的敬重与关怀，才能赢得老板的认同与信赖。

2. 积极主动，乐于承接老板安排的“苦差事”

敢于担当，就是勇于接受急难险重的任务，敢扛重担，敢打硬仗。担当是全面的，更是具体的。因此，担当既要从大处着眼，更要亲临一线，敢于做好“苦差事”。在面对苦差事时，很多人都会暗自祈祷千万别落到自己的头上。在这种情况下，如果你能主动去做这些人们都不愿意做的工作，不仅能赢得同事的敬佩和感激，更能够得到老板的赞扬。所以，遇到“苦差事”正是你展露聪明才智、勇气和责任心的大好机会。碰到这样的可以展示自我的机会时，不要表现出任何的勉强，要勇往直前，敢于担当。

小李是沿海城市一家制药企业的销售经理。随着市场发展，这家公司准备在新疆成立分公司，拓展新疆市场。当时，这家企业的市场在东部沿海地带已经做得比较成熟，在这些市场区域中，随便一个地方都可以赚到大钱。然而新疆市场，则是尚未开发的处女地。

公司所有的销售经理和销售人员都知道新疆的条件十分艰苦，不付出三五年的艰苦努力根本不可能在那里挣到钱。因此，公司在挑选新疆公司经理时，也很难敲定最后的人选。

那天，委任各区域经理的会议在公司的培训中心举行。总经理首先发表了一番慷慨激昂的演讲，希望通过这番演讲，可以激起销售人员的斗志，让他们愿意到新疆去。然而，总经理演讲完毕开始点将时，却遭到好几个人的断然拒绝，有的人甚至态度坚决地说:“让我到新疆去，我立即辞职!”

正当总经理左右为难时，小李主动请缨:“我去新疆!”

会场的销售经理和销售员们先是一愣，接着哄堂大笑，继而议论纷纷。有的说他神经有毛病，有的说他头脑发热，有的说他出风头。

在普通人眼中，他的确很不明智，因为他当时是上海区域的销售经理，每年收入50多万元，而他到条件艰苦的新疆，别说50万元，5万元恐怕都不能保证。

“有些东西比金钱更重要。”这是后来记者采访小李时他说的，“当所有人都往后退时，你向前一步，机会就属于你了，进而你也就脱颖而出了。我当时在上海虽然做得很好，但公司比我做得好的还有好几个人，我必须寻找新的机会去超越他们。”

第一年，小李只挣到2万元，还不及他在上海时的1/25。

第二年，他挣到了6万元，只是他在上海时的1/10多一点。

第三年，他挣到20万元，不过仍然不到他在上海时的1/2。

但是，第四年，他的经营业绩却大大增加，在所有进入新疆市场的制药公司中名列第一！

有人替小李算了一笔账，他在上海三年，可以轻松挣到160万元，他去了新疆，意味着三年损失了近130万元。可事实上，小李真的损失了吗？答案是否定的。不仅没有，反而得到了丰厚的回报，因为到了第五年，公司提拔小李为市场总监，取代了原来的市场总监，年薪高达400万元！

有句话说得好，做就有机会，不做则没有。困难也是这样，敢于挑战就有机会，放弃了就没有。从小李的经历中，我们应该知道：敢于担当，勇于挑战艰巨任务也是提升自己的机会。人生充满了挑战，每一次挑战都是一次机遇，我们要时刻准备着，拿出勇气迎接挑战困难。困难就是机会，挑战就是进步，凡事都有两面性，当面对危机和问题的时候，敢于担当是解决一切问题的前提。当问题出现时，不要皱眉，要用积极的心态，把它看作是一个机会。

几年前，小张在一家建筑材料公司当业务员。当时公司最大的问题是如何讨账。产品不错，销路也不错，但产品销出去后，总是无法及时收到货款。有一位客户，买了公司10万元产品，但总是以各种理由迟迟不肯付款，公司派了三批人去讨账，都没能拿到货款。当时小张刚到公司上班不久，就和另外一位员工一起，被派去讨账。他们软磨硬磨，想尽了办法。最后，客户终于同意给钱，叫他们过两天来拿。两天后他们赶去，对方给了一张10万元的现金支票。他们高高兴兴地拿着支票到银行取钱，结果却被告知，账上只有99920元。很明显，对方又耍了个花招，给他们的是一张无法兑现的支票。第二天就要放春节假了，如果不及时拿到钱，不知又要拖延多久。

遇到这种情况，一般人可能一筹莫展了。但是小张突然灵机一动，于是拿出自己的100元钱，让同去的同事存到客户公司的账户里去。这一来，账户里就有了10万元。他立即将支票兑了现。当他带着这10万元回到公司时，董事长对他大加赞赏。之后，他在公司的职位不断高升，5年之后他当上了公司的副总经理，后来又当上了总经理。

☆……☆……☆……☆……☆……☆……

类似于小张所遇到的困难，职场中每天都在上演，只是有的人充满自信地去行动，有的人却是知难而退。职场之中，很多人虽然颇有才学，具备种种获得老板赏识的能力，但是却有个致命弱点：缺乏担当精神和勇气，只愿做职场中谨小慎微的“安全专家”。对不时出现的那些异常困难的工作，不敢主动发起“进攻”，能躲就躲。结果，终其一生，也只能从事一些平庸的工作。

俗话说:“困境不是要摧毁一个人，而是在塑造一个人。”困难是训练工作能力的好场所，我们要勇于接受困境，以稳定、平和的心态来接受它的到来。所以，知难而进才是员工自我提升的最佳办法，也是通往成功的必经之路。一个人只有不断地突破自我，在迎接新的挑战中才能获得大的发展。因此，一个敢于担当的人总能主动承担富有挑战性的任务和工作。他们认为这是表现自己、锻炼自己、提高自己的最快途径，正如沃尔玛连锁超市的创始人山姆·沃尔顿说的那样:“想不被企业和社会淘汰的雇员必须停止把问题推给别人，应该学会运用自己的意志力和责任感，着手行动，处理这些问题，让自己真正具有担当精神。”勇于亲临一线，接受和挑战硬骨头，才是真正热爱公司的人，才会在企业的发展中崭露头角，成为企业的中流砥柱。所以，当老板交代给你一项在其他员工看来是不可能完成的苦差事时，你不要逃避。因为这份

“苦差事”能使你不断学习，更快成长。也正是因为这份“苦差事”，你才有机会脱颖而出，做出成绩，取得他人无法取得的成就。

3. 挺身而出，为老板排忧解难

一个敢于担当的员工应当在老板和公司最需要的关键时刻挺身而出，为老板排忧解难，帮老板解决问题。为老板排忧解难是作为下属的职责所在，否则对老板来说你的存在将失去意义。成为无关紧要的人意味着随时可能被炒掉；成为累赘意味着你这个包裹随时会被丢掉；成为绊脚石就意味着老板找机会必须把你除掉。避免这三种结果的关键点就是你能否为老板排忧解难，助之以一臂之力。

在不少企业里，很多老板常常不得不亲力亲为，去做下属做不好的事情，甚至还要给下属收拾烂摊子。这是身为老板的悲哀，是下属的耻辱，更是企业的不幸。

☆ ☆ ☆ ☆ ☆ ☆

在1999年以前，凯玛特还是美国的第一大零售商，但是到了1999年，这家公司就开始走下坡路了。有一个关于凯玛特的故事也流传开了。

在1990年的凯玛特总结会上，一位高级经理认为自己犯了一个错误，他向坐在身边的上司请示应该怎样改正过来。这位上司不知道怎样回答，便向上级汇报：“我不知道该怎么办，你看该如何处理呢？”而上司的上司又转过身来，向他的上司请示。这样一个小小的问题，到最后竟然一直推到了总经理那里。后来那个总经理回忆当时的情况苦笑着说："真是太可笑了，竟然没有人能主动负责，而宁愿把问题一直推到最高领导那里去。" 2002 年 1 月 22 日，曾是美国第一零售商的凯玛特公司不得不申请破产保护。

☆……☆……☆……☆……☆……☆……

在企业的发展过程中，总会不可避免地遇到各种问题的困扰。它们的出现，就像太阳日升夜落般自然。所以，老板们迫切需要的是那种能勇于负责，为老板排忧解难的人。在抗洪抢险中，当堤坝上出现缺口的时候，谁在附近谁就用身体堵上去，因为那是关键时刻，刻不容缓。同样，公司的经营和运转也像堤坝一样随时都会出现许多意外的事件，给公司和老板带来棘手的问题，有些迫在眉睫，必须马上解决，这时候你就要在了解自身能力的情况下挺身而出，帮老板解决所遇到的问题或困境。不要在心里说：反正不是我的事，还有别人，我干嘛出头，做吃力不讨好的事？也不要以为自己现在还处于公司最底层就逃避责任，就不敢去做，犹豫徘徊。

一个经常为老板排忧解难的人，老板肯定会很器重他。因为，他没有让问题延误，酿成大患；最重要的是，他能让老板省心省力，老板可以从容地把精力集中到更大的问题上。有了这样的员工，老板就少了很多后顾之忧。

古代著名的谋士毛遂就是我们一个很好的榜样。

……☆……☆……☆……☆……☆……☆

战国时期，一次秦国攻打赵国，把赵国的都城邯郸围困起来。在这危急关头，赵王决定派自己的弟弟平原君赵胜，代替自己到楚国去，请求楚国出兵抗秦，并和楚国签订联合抗秦的盟约。

到了楚国，平原君献上礼物，和楚王商谈出兵抗秦的事。可是谈了一天，楚王还是犹豫不决，没有答应。这时，站在台下的毛遂手按剑柄，快步登上会谈的大殿。毛遂对平原君说："两国联合抗秦的事，道理是十分清楚的。为什么从日出谈到日落，还没有结果呢？"

楚王听了毛遂的话很不高兴，就喝令他退下去。毛遂不但不害怕，反而勇敢地走近楚王，大声说："你们楚国是个大国，理应称霸天下，可是在秦军面前，你们竟胆小如鼠。想从前，秦军的兵马曾攻占你们的都城，并且烧掉了你们的祖坟。这奇耻大辱，连我们赵国人都感到羞耻，难道大王您忘了吗？再说，楚国和赵国联合抗秦，也不只是为了赵国。我们赵国灭亡了，你们楚国还能长久吗？"

毛遂这一番话义正词严，使楚王点头称是，于是就签订了联合抗秦的盟约，并出兵解救了赵国。平原君回到赵国后，把毛遂尊为宾客，并且重用了他。

一块大石头往往需要小石头支撑才能放稳。有时候，下属的"补充"正好可以弥补老板在管理上的不足，这也是优秀员工应当承担的责任之一。

作为企业的一员，想要让老板重用你，就必须想办法使他信任你。要想让老板信任你，就必须勇于负责，为老板排忧解难，做到面对任何问题都能冷静地处理，妥善地解决。

企业的发展不可能风平浪静，老板的才能也不可能没有欠缺，一个勇于负责的员工应当在老板需要的时刻挺身而出，该出手时就出手，为老板分担风险，这样他必将赢得其他同事的尊敬，更能得到老板的信任和器重。那些多一事不如少一事、逃避责任的员工，是永远都不会进入老板视野的，也永远成不了公司的骨干员工，成不了公司发展的核心力量。

企业的发展过程中，总会不可避免地遇到各种问题的困扰。老板们迫切需要的是那种能勇于负责，为老板排忧解难的人。一个优秀的员工应当在老板和公司最需要的关键时刻挺身而出，为老板排忧解难，帮老板解决问题。这样的员工当然是老板最愿意聘用的员工。

4. 尽心尽力，多为老板解决棘手难题

工作不是消极被动的“打工”，也不是表面上的“完成任务”。工作的是实质，就是解决那些妨碍我们实现目标的各种各样的问题。有些人一遇到问题就抱怨，抱怨过后直接甩给领导或同事。一遇到棘手的难题，就绕着走，多一事不如少一事。一发现工作中存在错误，就拼命掩盖，先蒙混过关再说。这样的员工老板肯定不会喜欢。

工作中，当你对问题不自信时，把问题交给老板会很省事，但自己却失去了锻炼的机会。下次遇到问题时，不妨先问问自己“老板的回答会比我好很多吗?”在大多数情况下，你与他的答案差别不大，甚至会更好，因为你比任何人都了解你的工作。所以在找别人帮忙之前，先花十分钟让自己好好想想。当你向老板报告一个棘手的难题，同时列出一系列可能的解决办法时，老板一定会对你刮目相看！

……☆……☆……☆……☆……☆……☆

一天，主管把李木木和万方两个新员工一起叫到办公室，

介绍说公司规划一项新业务，公务员考试培训项目，现在需要联系有关专家来讲课。

小万听了，很激动，他认为这是个锻炼和展示自己能力的机会，没准儿以后自己还可以负责这块业务呢。不错，我一定要完成。

小李则不同了，他根本不当回事，心想，这种事情，老板关系网大着呢，他自己能没能力解决吗？指望我们这些刚毕业的毛头小伙子，联系谁去？专家教授们架子大着呢，我可不跑去吃闭门羹，反正结果对我无所谓，我老老实实干我分内的活就是了，我也不指望靠这个提升。

小万立即上网搜索专家，找到他们的电话，一一联络，有的只有办公室的电话，打过去经常没人接，但小万乐此不疲，每天都提前到单位，在专家最可能出现的时间打过去，圈定了合适的人选，就当即约见。很快，这项任务就完成了。

小李同样也上网寻找专家，但有的被拒绝，有的联系不到人，很快，他就给领导"撂挑子"，满面愁容地说："我找过了，根本找不到人，要不就不感兴趣，要不就联系不上本人，我真的尽力了，很抱歉。"

当然，他们的结果也不同。半年后，小万成了公务员考试培训业务的负责人，升为副总，年底的时候，老板奖励他一辆奥迪轿车。然而小李，则看不到自己提升的空间选择了离开。

☆……☆……☆……☆……☆……☆……

敢于担当的人善于解决棘手难题，最终才能担当重任。遇到问题，有的人总是一筹莫展地说："我已经尽力了，真是一点办法也没有啊！""遇到这样的事，我能有什么办法？你就是把我开除了，我也没有办法！"这种面对问题束手无策的人，其实并不是没有能力，而是他们面对问题的消极态度。其实，任何问题都有解决的办法，关键是要以担当的心态去迎接问题和困难的挑战。“世上无难事，只怕有心人”，只要我们迎难而上，没有越不过去的山，没有趟不过去的河。

要解决最棘手的问题，我们必须彻底改变思路。世界上不存在没有任何问题的工作。工作就是一个不断碰到各种问题并逐一解决问题的过程。问题不会自己消失，除非将其彻底解决。解决问题的能力是我们的核心竞争力。有的人逃避问题，因为他们对自己解决问题的方法和能力没有自信；有的人害怕问题，因为他们害怕在解决问题的时候给自己带来麻烦；有的人解决问题，因为他们知道只有解决问题才是避免问题的良方。

······☆······☆······☆······☆······☆······☆

在美国华盛顿的杰斐逊纪念堂前，有一堆造型别致的石头。让管理者烦恼的是，从一开始这堆石头就被腐蚀得非常严重，清洁维护部门不得不投入大量的人力。他们也想过能否将这些石头搬走，但这样做不仅需要一笔经费，还影响了纪念堂整体的布局。对于这个问题，很多人都一筹莫展。

一天，一名清洁工敲响了主管领导的办公室的门。他说自己可以解决这个让人头痛的难题。面对领导不信任的目光，清洁工问道:“你想想看，为什么石头会腐蚀?”

“很简单，因为维护人员过度频繁地清洗石头。”领导回答道。

“为什么需要这样频繁的清洗?”

“这还用问吗? 难道你没看到石头上经常有鸽子们的粪便!”领导有些恼火地说。

“为什么那里会有那么多鸽子?”清洁工平静地继续问道。

“当然是有足够多的蜘蛛可供它们觅食。”

“那么，为什么蜘蛛都选择在这里呢?”

“因为……每天傍晚，这里有许多飞蛾。”领导迟疑地答道。

“为什么飞蛾要飞到这里呢?”清洁工又问。

“这可能是黄昏时纪念堂的灯光的原因吧!”

说完这句话的时候，这个领导豁然开朗，他立即命令推迟纪念堂的开灯时间。没有了灯光，飞蛾就不会来那里；飞蛾少了，蜘蛛也渐渐消失了，鸽子也就很少来了……一个困扰了人们多年的难题，就这样被轻而易举解决了。

☆……☆……☆……☆……☆……☆……

成功者与失败者的区别，就在于前者能够勇敢地解决问题，闯过难关，通向胜利，而后者只能像鸵鸟一样，遇到问题，要么把头埋进沙子，对问题视而不见，要么还没有努力就已经望而却步，持观望态度，甚至指望别人能够替自己解决问题。工作中总是有层出不穷的问题和困难，不要习惯性地认为这些问题、困难是属于老板的，和我们无关。事实恰恰相反，那正是我们需要做的事情。我们去看看那些敢于担当的员工，他们从来不曾回避问题，从来不曾惧怕困难。他们总是积极思考，不仅能够透过表面现象看到问题的本质，更能从中找出有效解决问题的办法，因此，他们总是能够克服别人克服不了的困难，解决别人解决不了的问题。

你要记住：当老板将一件十分棘手的问题交给你时，千万不要认为这是在为难你，这正是老板对你委以重任的信号，你应该积极地、义无反顾地接受它，并竭尽全力地完成它。问题越是棘手，越是别人解决不了，你的机会越大。不要害怕问题，机会和机遇总是悄悄地躲在问题和困难的背后，当努力克服困难，解决问题之后，成功就会向我们走来。

5. 不怕失败，困难面前不放弃

许多人都说：“前进的路上，即使没有莺歌燕舞，没有盛开的鲜花，那最好也没有风雨、没有挫折。”其实，这是不可能的。没有挫折的人生，从某种意义上来说是黯然失色的。如果你比别人多了一番挫折，经受了一番磨难，那么，一旦成功，你也必然比别人更多一份喜悦。经受了挫折，经受了磨难，你会更加努力，更加珍惜，更加有出息！因此，我们要学会不怕失败，困难面前不放弃。

《鲁滨逊漂流记》中讲到：鲁滨逊在航海中不幸遭到了暴风雨的袭击。整艘船上只有他一个人活了下来。可他没有气馁，而是去搜集破船中的物品，在一个渺无人烟的荒岛上独自生活了28年之久。在这28年里，他凭借着自己非凡的勇气和智慧，勇敢地向各种困难挑战，以不屈不挠的坚强意志开荒种地、砍树建房、圈养山羊、修造船只，奇迹般地生活下来！多年以后，他终于有机会离开孤岛，重返自己朝思暮想的故乡——英国。

在企业的发展过程中，总会不可避免地遭遇到各种问题的困扰。敢于担当，不是一句承诺、一声口号，而是面对着艰难或危险的事情，勇敢地站出来。著名的哲学家萨特曾说：“是懦夫使自己变成懦夫，是英雄把自己变成英雄。”美国首位华裔部长赵小兰，她总结自己的成功经历时特地勉励同胞“立大志，敢冒险，不要用他人为我们设下的上限来局限自己”。确实，成功总是属于那些具有巨大勇气和超人胆略的人们，只有心底无私、敢于担当的人才能大智大勇，才能为社会做出大的贡献。因此，敢于担当不仅要体现在平时工作中，更要体现在紧急关头上展示出敢于担当的坚强意志和优秀品格。一个人在关键时刻一定能够豁得出来、顶得上去，才能真正成为可渡难关的主心骨。

马林大学毕业之后在一家保险公司做业务代表，这是一份让人头痛的工作，因为很多人都对保险业务员敬而远之。因此，马林的工作开展起来非常困难。办公室的其他业务员整天对自己的工作抱怨不停:“如果我能找到更好的工作，我肯定不会在这里待下去。”“那些投保的人简直太可恶了，整天觉得自己上当了。”当然，这些人也只能拿到最基本的薪水。只有在业务部经理的催促下，或者是在“胡萝卜加大棒”的政策下，他们才会有一点点进步，否则就只能原地踏步或者退步。但是，马林和他们并不一样。尽管马林对现状也不是很满意，薪水不高、地位低下，但是马林却没有放弃，因为他知道，放弃工作，就是在放弃自己。在这个世界上，没人强迫你放弃自己，除非你主动为之。马林还相信，努力是没有错的，努力会让平凡单调的生活富有乐趣。

于是，马林自己主动去寻找客户源。他熟记公司的各项业务情况，以及同类公司的业务，对比自己公司和其他同类公司的不同，让客户自己去选择。虽然一些人很希望多了解一些保险方面的常识，但是他们对保险业务员的反感使他们在这方面的知识很欠缺，马林知道这些情况之后，主动在社区里办起“保险小常识”讲座，免费讲解。人们对保险有了更多的了解，也对马林有了好印象。这时，马林再向这些人推销保险业务，大家不但没有反感，反而乐于接受。马林的工作业绩突飞猛进，当然薪水也有了大幅地上涨。

人们时常会遇到种种意想不到的困难与危机，看起来好像没有什么解决的办法，而员工也时常责怪老板布置的任务难度大，自己根本完不成。殊不知，我们谁都无法预测结局，你不去做只是凭经验和直觉感到自己克服不了各种困难，没有突破的希望。但是世间许多奇迹的创造是很简单的，只要我们敢于坚持，树立继续前行的勇气，就没有什么不可能。我们要鼓起勇气做人做事，成功往往就在前方。

6. 沉着冷静，妥善处理突发事件

在工作中，处理事情要冷静沉着。要想让上司对自己器重，就必须想方设法地使他信任自己，而要想使别人信任自己，就必须做到面对任何状况都能处之泰然，这样的话就能使老板加深对自己的印象。因为，老板、客户不仅钦佩那些面对危机镇定自若的人，更欣赏能妥善解决问题的人。

人的一生中，是不可能没有困难的。当困难来临的时候，也许你会烦躁不安，然而，困难是需要克服的。如果你把它搁着，它只会阻碍你前进，倒不如冷静面对，把困难克服掉，去接受另一个新的挑战。所以，面对困难沉着很重要，只有在冷静中思考的办法，才能助我们一臂之力，助我们改变困境、走向成功。

☆☆☆☆☆☆

小芹是某公司文秘，她工作勤恳，为人活泼、大方，是经理的得力助手。一天，小芹正在帮经理整理第二天会议需要的文件时，一名穿工装的青年闯了进来，他气势汹汹地直奔经理办公室。小芹一看势头不好，连忙站起来，笑吟吟地迎了上去："先生，您好！请问您找谁？"

"我就找你们的经理。"

"对不起，您有什么事吗？"小芹估计来者不善。

"有事你能解决吗？"

"现在经理不在，我虽不能帮您解决，但可转告经理。您是不是走了很远的路，我看您都出汗了，来，您这边坐，我给您倒杯水。"

那青年听小芹这样一说，怒容消去了一半，随着小芹坐到了旁边的会议室里。

原来，这个青年是一名装修工人，因他的工程装修队压扣了他的工钱，工头却告诉他是客户克扣了钱，他一怒之下来找客户——小芹的经理。

小芹听完，认真帮他分析了情况，说明这事与经理无关。青年终于明白了事情的真相，心平气和地走了。

☆☆☆☆☆☆

处理突发事件容不得半点拖延，在这种情况下做出决策和采取措施的思考和准备时间非常有限，带来的处理结果难以预测，具有一定的风险。这种情况下，我们要有担当风险的勇气和决心，果断地采取措施控制局势。只有及时做出反应，稳住阵脚，不至于面对复杂的情势畏首畏尾，互相推脱，延误事件的处理，才能避免事态扩大。在日常生活中，面对他人的挑衅、指责、谩骂、围攻或者冷嘲热讽，我们一定要保持冷静，不慌不忙，沉着应对。遇到突发事件，只有先让自己冷静下来，才能把事情处理得最好。面对紧急情况是这样，面对危难之事也应如此。只有沉着冷静、理智地应对，危局方可解脱，受困者才能走出困境。

······☆······☆······☆······☆······☆······☆

一位青年由于家庭贫困辍学，但他有一个妹妹，成绩优异，不上大学实在可惜。为了能让妹妹上大学，他来到工地挖隧道，不料第一次走进隧道就遇到了岩石塌方……

当时局面难以控制，有人大放悲声，有人想往岩石上撞，近乎疯狂。他也差点控制不住自己，刹那间他想了很多，首先想到了死——但若自己完了，妹妹也会辍学，父母也会悲痛欲绝。他镇静了一下，决定试着控制局面，他努力使自己的声音变得很沉稳:“想活命吗？想活命就听我的！”黑暗中的几个人渐渐安静下来。

这时他又向被困的四个人发号施令：一、被困的四个人必须听他指挥；二、外面肯定在组织救援，但需要时间；三、休息睡觉，因为累死也搬不动那千斤重的大石头；四、隧道里到处都是水，有水就能活十几天。不过他还是隐瞒了一件事情就是他进隧道时带了两个馒头，现在已成无价之宝。

可是等到第三天过去了，隧道里还是没有一丝光亮，他把其中一个馒头分成四份给大家吃。第五天，终于听见隧道外隐约传来钻机风镐的声音。他赶紧把最后一个馒头分成四份给大家吃，然后大声命令四个人拿起工具拼全力往巨石上敲击……

几个劫后余生的人躺在病床上怎么也不会相信，那个沉稳威严，组织大家出来的人竟然是一个毛头小伙。事后他说：“冷静，在紧要关头，只有冷静救得了你。”

一事当前，是最能展示一个人担当的时候。在很多情况下，有很多人遇到困难都难免一筹莫展、焦躁不安，甚至垂头丧气，一蹶不振。这时处变不惊，能镇定、冷静地去应对是一种能力，更是一种担当。面对一件危急的事，出于本能，许多人都会做出惊慌失措的反应。然而，仔细想来，惊慌失措非但于事无补，反而会添出许多乱子来。如果在面临危险时，能冷静分析形势，找到解决问题的办法，便可以走出困境。“遇事要冷静，紧要关头只有冷静救得了你。”这是一句处事的箴言。事实上，人不仅仅在战场上要沉着冷静，而且要在任何时候都不感情用事。这不但是成功的秘诀，而且是战胜困难的最佳妙法。人生总是有太多的不如意，在生活中、工作上都会遇到各种各样的困难，想想我们曾经走过的路，经历过的磨难，经历过的感情，只要遇事沉着应对，冷静思考，就能克服。

第七章　勇于创新，投机取巧不如给老板丰硕的创新成果

馅饼并不会从天上白白掉下来，只有你努力工作并取得一定的成绩，老板才会重用你。能为公司赚钱的人，才是公司最需要的人。拿老板工资却不思进取，就是在白白耗费公司资源。每个老板为了自己的利益，都只会留下那些业务能力最强的员工。

1. 老板需要业绩，请拿出你的业绩

谁是最受欢迎的员工？毫无疑问，是最能创造业绩的员工。公司是员工努力证明自己业绩的战场，员工证明自己的唯一法则就是业绩。无论你再怎么辛苦，只要客户不认可，没有做出业绩，你就一文不值，迟早会被更加优秀的同事淘汰下去。

市场竞争是无情而激烈的，你需要拿出成果，拿出业绩。这就是社会的要求。在公司中，一个活动如果没有成果，那么它对整个公司来说并没有多少价值。

无论从公司的角度还是从个人的角度来讲，效益是第一位的。你的工作没有业绩，公司就没有效益，对你、对公司来说都会是巨大的损失。把一项任务交给你，你付出却没有取得公司想要的结果，对你来说可能失去了一次表现的机会，或者是一次提升自我的机会；对公司来说，可能失去了一次发展机会，甚至失去了一块奠定公司的基石。因此，你应该懂得一个道理：没有业绩就没有效益。

……☆……☆……☆……☆……☆……☆

大学毕业的李进到一家大型公司上班，开始其销售生涯。因为大学学的是管理专业，李进并不把别人放在眼里。他自比管仲、乐毅、诸葛亮再生。闲暇之余，李进总会高谈阔论指点同事。同事们听到最多的就是“你们这种做法太落后了，必须彻底改变”。当同事向他请教问题时，他就像赵括一样纸上

谈兵，说得头头是道。说完后，还不忘摇着头对同事补上一句：“唉，你们真不行。”

一年后，李进仍然做着他的销售工作，每月依然拿着1800元工资，加上饭补和偶尔撞上门的小订单，最多也没超过5000元。然而和他同时进入公司的销售员，有的被提拔成区域代理，有的被提拔为部门经理，即使和他一起奋斗在销售一线的其他员工的工资也超过万元。

李进认为自己的管理才华不能就这样埋没，于是向人力资源部提交申请，要求调到策划部。当人力资源部没有批准他的申请时，李进很不服气，气冲冲地来到经理办公室进行理论：“为什么我这么有才华的人，不能去策划部?”经理一脸平静地答复：“就凭你给我们的结果，你的销售业绩还不如新入职的员工。”数天后，这名总爱夸夸其谈的李进被老板“请”走了。

事实胜于雄辩。谁行，谁不行，结果一目了然。成果才是最重要的，世人看重的是你做出的成绩。做任何一件事情，无论你付出多少辛劳，无论过程多么完美，如果没有一个好结果，那就是失败。工作中，老板看的是业绩，要的是成果。成果是企业的生命之源泉，没有成果，企业难以生存。人们每天都在用成果来交换自己的报酬，也在用成果来证明自己的能力。事实上，只要你能创造成果，不管在什么企业你都能得到老板的器重，都能获得晋升的机会。因此，我们只有不断地提升业绩，创造成果，才能做到名副其实，才能成为一个真正对企业有价值的人。作为一名优秀的员工应当认清自己的工作使命，做能够促进公司发展的事，不重苦劳重功劳，把业绩交给老板。

下班前，老总让小张写一份发言稿和一篇行业动态分析，第二天开董事会要用。虽然小张天天写发言稿，但老总的要求是每次的发言稿都要出彩、出新，而且行业动态分析报告对小张来说也是个新的课题。他觉得那么短的时间里自己是不可能完成任务的。但作为老总的秘书，小张又不得不硬着头皮去完成老总交给他的工作。他把历年来公司的资料汇总，然后把跟公司有业务来往的企业也分门别类，花了三个多小时进行研究分析，到真正动笔的时候已经是凌晨四点多了。到了这个时候，他的脑子完全是一片浆糊，而且又困又累，但为了完成任务，他还是强打精神，在电脑上一个字一个字地敲。但直到上班时间，小张的文件还没完全写出来，老总过来问他写完了没有，小张无言以对。老总没说什么，只是拍拍他的肩说等会儿开会让他做好记录。

会后，老总把小张叫到办公室说，因为小张没有按时完成任务，致使此次会议没有取得预想的效果，决定扣发他的季度奖金，还把他调到了下级部门，算是对小张的一次警告。小张解释说自己是没完成任务，但是没有功劳也有苦劳啊，别人休息、吃饭、睡觉的时间里，他都一个人在查资料、写文件。老总对他说，公司要的是成果，不是要你闷在那里苦熬，没有成果就等于没做。

☆……☆……☆……☆……☆……☆……

在市场经济的新时代，做任何事情都应该有一个好的成果。不仅要做事，更要做成事，不仅要有苦劳，更要有功劳。没有成果，拼命、苦劳、加班都白费。有了成果才能获得功劳。有了成果，我们才能获得报酬、获得财富；有了成果，我们才能谈尊严。这是一个亘古不变的道理。在现代公司里，无论是生产车间里的普通工人，还是活跃在市场第一线的销售人员，或者是一名总经理，他们都是凭借自己的价值来获得

报酬的。因此，员工必须把目光多放在如何为公司创造成果上，必须用工作的成果证明自己的价值，证明自己可以促进公司的发展。

成果是检验一切的标准，在市场竞争如此激烈的今天，每个老板都把公司的利润作为重点，所以成绩斐然的员工无疑会受到好的待遇。对老板而言，能带来成果的员工才是公司最为宝贵的财产。关注工作成果，你就会为它所激发和驱使，就会成功。只要你取得了令人满意的成果，老板就会重视你。工作再努力，如果没有业绩就是没有成果。试想，一家公司的全体员工都非常勤奋，非常敬业，但最终企业产品销售不出去，无从赢利，企业将如何生存？所以说，让工作有个好成果才有意义。

2. 树立创新心态，创造工作价值

创新是目前使用频率最高的词语之一。人们之所以越来越多地使用它，原因之一是更多的人已经认识到创新在各个领域中的重要性。对个人来说，没有创新就没有进步；从企业来说，没有创新就无法生存；对国家来说，没有创新就无法兴盛。

创新是指人们为了发展的需要，运用已知的信息，不断突破常规，发现或生产某种新颖、独特的有社会价值或个人价值的新事物、新思想的活动。创新的本质是突破，即突破旧的思维定势，旧的常规戒律。在现代企业中，敢于突破创新的人才是老板需要的人。要想在职场上站稳脚跟，获得更高的薪水，员工须勇于打破常规，提升创新意识，养成创新习惯，这样，机会就会不请自来。

古代波斯有位国王，想在官员中挑选一位担任宰相。他把官员们领到一座谁也没有见过的大门前，说：“众位爱卿，你们不是聪明渊博的学者，就是力大无穷的猛将。现在你们看到的是世界上最大最重的大门，三百年来一直没有被打开过。你们之中谁能打开这座大门，帮我解决这个无人破解的难题？”

官员们连连摇头，有几位走近大门看了看，又退了回去。正在大家纷纷议论的时候，一位年轻的官员走上前去，先仔细观察了一下，又四处摸索一番，最后轻轻一推，大门竟然被打开了。

原来，这座看似非常坚固的大门其实并没有真正关上，任何人只要仔细观察看一下，并亲自试一试，都可以打得开。因此，能否打开这扇大门，并不在于是否有足够的力量或聪明才智，而仅仅在于是否拥有“破门而入”的创新心态。

人人都有创新能力，每个人都能创新。如果解决创新性问题能像求解数学题一样，那么那些取得了高学历、受到了“高素质”教育的人就一定能够实现创新。然而高智商的人并不一定就能取得创新成果，反而有些没读过多少书的人却在创新上取得了很好的成绩。因为创新能力不同于观察力、记忆力、思维力、想象力等，它更多地表现为一种潜能。在职场里，员工越有创新能力，就越有核心竞争力，观点和想法就越多，能力就越强，成功的可能性、获得高薪的可能性就越大。因此，工作需要创新精神。

创新精神是一个国家和民族发展的不竭动力，也是一个现代人应该具备的素质。一个人如果没有一种创新的心态，不管他遇到多少宝贵的

机遇，也不管他有多么高的智商，有多么好的条件，他永远也不会在创新上有所建树。有些人读了一辈子的书，在理论上说起来头头是道，然而实际做起来就不是那么一回事了。因为他们的思想都被那些所谓的知识给困住了。这一类人在学习生活中仅仅只能充当一个高级计算机的角色，他们解决问题时只会循着一条永远不变的路走下去，他们不会根据具体的情况来具体的分析。他们循规蹈矩，只知完全按指令工作，而不管那样做是否具有实际的意义。他们没有自己的思想和判断，在他们看来，任何超出惯例的细微偏差和领导指令的事情，都是不能容许的。这类员工显然已经跟不上时代的创新步伐。老板也自然不会重视他们。

加藤信三曾经是狮王牙刷公司的一个小职员。有一次，夜里加班到很晚他才回家。第二天早上，加藤信三为了赶去上班，在刷牙的时候，因为过于匆忙，牙齿被刷出血来。作为一名牙刷公司的职员，使用公司生产的牙刷竟然出现这种问题，他感到非常恼火。

到了公司，他跟办公室的几个同事一起讨论这个问题，相约一同设法解决刷牙容易伤及牙龈的问题。他们想了不少解决刷牙造成牙龈出血的办法，对牙刷进行必要的改进，从牙刷的刷毛质地、牙刷的造型、重新设计牙刷刷毛的排列顺序等情况提出了很多重要的改造方案。经过长时间的研究，加藤终于找到了最好的解决办法。原来，以前的牙刷由于是机器切割，所以刷毛顶端全部都是呈锐利的直角，这才是刷牙出血的真正原因。加藤信三决定改善刷毛的切割方式，将刷毛的顶端全部弄成圆角。

经过实验取得成效后，加藤正式向公司提出了改变牙刷毛形状的建议，公司领导看后，也觉得这是一个特别好的建议，欣然把全部牙刷毛的顶端改成了圆形。改善后的狮王牌牙刷很受到广大顾客的欢迎，销路极好，销量直线上升，最后占到了全国同类产品销量的40%左右，公司盈利颇丰。加藤也由普通职员晋升为科长，十几年后成为公司的董事长。

这个故事启迪我们：工作中创新无处不在！牙刷不好用，在我们看来是司空见惯的小事，所以很少有人想办法去解决这个问题。但是加藤通过观察不仅发现了牙刷毛存在的小问题，而且对这个小问题进行细致地分析，从而使自己和所在的公司都取得了成功。每个人都有创新的潜力，而成功与否在于，是否勇于发掘自己的创新能力。勇于创新的员工才是所有公司都需要的员工，而且也只有这样的员工才有可能得到公司的赞赏和更大的发展空间。

3. 不墨守成规，敢于打破旧框框

从古至今，规则一向都是人们所敬畏和遵守的，但在我们的现实生活中，只有灵活应变，不断创新，不断超越同行、超越自我，才有竞争力，才能在机遇与风险中使自己立于不败之地。反之，懒于创新、墨守成规者，不是事业做不大，就是惨遭淘汰。

在自然界里，最杰出的跳高能手是跳蚤。小小的跳蚤能够跳到相当于它身高400倍的高度。有人曾做过一项实验：把一

只活蹦乱跳的跳蚤放到一个玻璃缸里，在玻璃缸的口上盖上一块透明玻璃，把玻璃缸严严实实地盖住。一开始，这只被困在缸里的跳蚤用尽力气往上跳，但是每次都会被缸口的玻璃撞回来。一次又一次，跳蚤在被撞了很多次之后，变得“聪明”起来，渐渐不会跳得那么高了，每次跳的高度都在玻璃缸口下面的位置。

在跳蚤再也不会碰上玻璃之后，实验人员把玻璃往下移了一寸，玻璃被卡在玻璃缸口下面一寸的地方。这样，跳蚤跳起后又开始不断地碰到玻璃上，很多次被撞后，跳蚤又能“聪明”地降低跳的高度。这次，它跳的高度在玻璃缸口一寸以下的位置。实验人员在跳蚤每适应一个高度后，就会对玻璃的位置再次进行调整，随着玻璃不断下移，跳蚤跳的高度也越来越低。最后，跳蚤只能跳到不到一寸的高度。这时，实验人员轻轻拿掉那块玻璃，一个奇怪的现象出现了：即使没有玻璃的阻挡，跳蚤也不会跳得很高了，尽管它有足够的能力跳出玻璃缸口，但它只在不到一寸的高度范围内跳上跳下。

就这样，优秀的跳高能手被困在一个既定的高度上，原因在于它被自己的思维定式限制住了。

☆……☆……☆……☆……☆……☆……

做事不应一味地循规蹈矩，若换一个角度、换一种方式，就有可能使事情往不同的方向发展。很多时候，人们总是习惯用常规的思维模式去思考和解决问题，但这种一成不变的思维方式束缚或妨碍了人们的思想，使工作变得死板而缺少灵活性。所以，我们要敢于打破常规，试着以一种独特的视角去思考问题，摆脱束缚思维的固有模式。因此，创新是不可或缺的武器，只有创新，才能有动力，有了动力，才会有成功的希望。

多年以前，国外有一个奇异的小村庄，村庄里除了雨水，没有任何水源。为了解决饮水问题，村里的长者决定对外签订一份送水合同，以便每天都有人把水送到村里。一名叫艾德和另一名叫比尔的人表示愿意接受这份工作。由于竞争既有益于保持价格稳定，又能确保水的供应，于是村里的长者将这份合同同时给了他们二人。

艾德签了合同后便立刻行动起来，每天起早贪黑，不辞辛劳地奔波于湖泊和村庄之间，用两只桶从湖中打水，运回村庄并倒入蓄水池中。尽管这项工作相当艰苦，但艾德乐此不疲。由于他的勤劳，很快就赚到了钱。

可比尔呢？奇怪的是签订合同之后，他便从人们的视野中消失了。比尔干什么去了？原来，他做了一份详细的商业计划，并凭借这份计划找到了四位投资者。六个月后，比尔带着一个施工队和一笔投资回到村庄，花了整整一年时间接通了从村庄通往湖泊的大容量的不锈钢管道。水管能够每周七天每天24小时不间断地为村民提供用水，水质更好，而价格却只有艾德的75%。

不仅如此，比尔又进一步琢磨：如果这个村庄需要水，其他有类似环境的村庄一定也需要水。于是，他重新制订了商业计划，开始向更多的村庄推销他的快速、大容量、低成本、卫生的送水系统。这样，他不仅解决了许多村庄的用水问题，而且还为自己开发了一条源源不断的财路。结果，比尔的事业越做越大，而艾德虽然仍在拼命地努力，但结果却可想而知。

只有打破常规，勇于创新，才能造就新的辉煌！墨守成规，无异于

将自己活埋；打破常规，等于为自己开辟出一条星光大道。正如齐白石先生的那句话:“学我者生，似我者死。”不会创造，只会在前人的框架里打转转，是不会有什么成就的！

只有创新才能使自己在各方面不断地改进，以增加自我发展的优势。只有创新，学习才有方向，知识才有归宿，生活才有目标，前进才有动力。一个创新的人，才是一个勇敢的人，才有成功的可能。

4. 灵活变通，学会另辟新径

通向成功的路，不可能都是平坦的，当在前进时遇到阻碍，就需要我们学会变通，克服困难。学会变通，可以让我们在激烈的竞争中取得成功。任何事物都在不断变化着，也没有什么事物可用一成不变来应对变化的世界，为什么不去变通，让变通引领我们走向一条更加宽阔光明的成功之路呢?

☆ ☆ ☆ ☆ ☆ ☆

发明家爱迪生曾经有个助手，名叫阿普顿，他毕业于普林斯顿大学数学系，又在德国深造了一年，自以为了不起，甚至觉得比爱迪生还强很多。

有一次，爱迪生拿了一个有孔的废灯泡，问阿普顿灯泡的容积是多少。阿普顿拿着这个梨形灯泡打量了一番，心想，虽然这个问题计算起来非常复杂，但是凭着自己的数学本领，多用些时间，还是可以求出来的。于是阿普顿拿起皮尺这么测，那么量，接着就用钢笔这么画，那么算，弄得满头大汗。过了好半天，爱迪生问:“求出来了吗?”“办法有了，已经算了一半。”阿普顿自信地回答。爱迪生走过来一看，在阿普顿面前放着许多草稿纸，上面写满了密密麻麻的等式。爱迪生看了微笑着说:“何必这么复杂呢？你用这个办法吧!”说着他用水装满了灯泡，然后交给阿普顿说:“去，把灯泡里的水倒到量筒里量量。”这时阿普顿恍然大悟，羞得满面通红。

对于工作而言，汗水固然重要，但方法更为重要。在新的竞争形势下，只付出汗水是远远不够的，我们更需要的是智慧。挥洒汗水纵然能够取得业绩的进步，但没有融入智慧，工作就难以取得突破。凡是取得卓越成就的人，他们都有着共同的成功经验，那就是：付出汗水的同时，也要付出智慧。成功需要的不仅仅是勤奋，也不单纯与花费的时间、精力成正比，同样需要方法。只有正确的方法才能提高解决问题的效率，才能保证成功。成功的秘诀很简单，就在于要善于开动脑筋去想办法。要做一名优秀的员工，你就要善于动脑筋，将问题处理好。凡事必有解决的方法，找对了方法，抓住问题的关键点，对症下药，问题自然迎刃而解。

曾经有一个笑话，说的是如何娶到比尔·盖茨的女儿。

一位名字叫做杰克的商人，有一天，他告诉他的儿子:“我已经为你物色好了一个女孩子，现在，你去娶她吧!”儿子回答说:“老爸，我自己要娶什么样的新娘，由我自己来决定，不用您老人家来操这份心了。”杰克笑道:“呵呵！但我说的这女孩可是比尔·盖茨的女儿哦!”儿子叫了起来:“啊？如果是这样，我无条件答应!”

在一个聚会中，杰克跟比尔·盖茨说："我帮你女儿介绍个好丈夫吧！"比尔·盖茨说："杰克，别乱开玩笑了！我女儿还小，暂时不考虑嫁人呢！"杰克又说："但我说的这年轻人可是世界银行的副总裁哦！"比尔·盖茨大吃一惊："啊？这么优秀的年轻人，我女儿可以提前考虑。"

接着，杰克去找世界银行的总裁，他很直接地说："总裁，我想介绍一位年轻人来当贵行的副总裁。"总裁说："我们这里已经有几十位副总裁，够多了！我还准备裁人呢！"杰克说："但我说的这年轻人可是比尔·盖茨的女婿哦！"总裁惊讶地说："啊？那这样的话，叫年轻人先过来跟我聊一下吧！"

最后，杰克的儿子既娶了比尔·盖茨的女儿，又当上世界银行的副总裁。

这虽然是一个笑话，但却给了我们很大的启示：遇到困难要学会灵活变通。

☆……☆……☆……☆……☆……☆……

美国有位教授用了十年时间潜心研究一个问题——如何帮助年轻人成为职场红人。他对世界500强企业和各大政府机构进行调查研究，结果发现，所谓的职场红人，不一定有高人一等的智商、超越常人的交际能力，也不一定有卓越的领导技巧，他们之所以成为职场红人，靠的是善于找方法的思考能力，他们懂得运用自身拥有的一切资源，从而找对方法，做对事。

工作中总是有层出不穷的问题和困难，不要习惯性地认为这些问题、困难是属于上司和老板的，和我们无关。事实恰恰相反，那正是我们需要做的事情。那些高绩效的员工，那些靠着某些因素成功的"幸运儿"，他们从来不曾回避问题，从来不曾惧怕困难。他们总是积极思考，不仅能够透过表面现象看到问题的本质，更能从中找出有效解决问题的办法，因此，他们总是能够克服别人克服不了的困难，解决别人解决不了的问题。

迪士尼乐园刚刚建成的时候，建筑大师格罗培斯为各个景点之间的路径犯了愁。他为这所乐园的建设费尽了心思，马上就要开放了，但是却为连接各个景点的路的设计陷入了困境。尽管他是一个有着数十年设计经验的老专家，但是对于如何设计一条能够使人们感到和这个童话王国相匹配的路的问题上，还是有点为难了。

他左思右想，不得方法。迪士尼乐园开业在即，园方一再催促他加快设计。有一天，他在自家房前的草坪上散步，忽然想到一个主意。与其进行纷繁复杂的设计，倒不如来个简单的策划，让游客自己选择。说做就做，他马上让员工们在乐园里都种上草，并立即开放乐园。

就这样，一个没有路的迪士尼乐园出现在人们的面前。过了数月之后，一条条弯弯曲曲的优美道路出现在人们面前，并和乐园的童话色彩形成完美呼应。最终这条道路的设计方案还获得了伦敦国际园林建筑艺术研讨会的最佳设计奖。

这个时代需要的不是只会出力、不讲方法的人，而是靠智慧找到正确的工作方法的人。努力重要，选择对的方法更重要。英国科学家达尔文说:“世界上最有价值的知识就是关于方法的知识。”因此，当别人都认为工作只需要按部就班地做下去的时候，一些优秀的人会找到更有效的方法，将效率提高，将问题解决得更好。正因为他们有这种找方法的意识和能力，所以能以最快的速度得到老板的认可。在老板的眼中，最优秀的员工必是善于动脑之人。有头脑的员工是企业最有价值、最有发

展前途的员工。

5. 巧妙节约，给老板省下的都是利润

效益是企业永恒的主题，关乎效益的最直接因素就是成本。成本是指生产和销售一种产品所需的全部费用。企业生产和销售某种产品，既有单位产品的成本，也有生产所需的总成本。从这一角度出发，如何降低产品的单位成本，进而降低企业的总成本，增加企业利润，就成为老板要考虑的问题。一个企业对成本的控制能力直接形成企业的核心竞争力。谁拥有了成本优势，谁才能够在激烈的市场竞争中获胜，才能获得最大利益。因而，老板希望每个员工都有成本理念，能够勤俭节约。

在“IT 巨人”思科公司，员工们普遍养成了节俭的习惯，他们想方设法为企业节俭。思科的员工会将没喝完的矿泉水装入背包以防浪费；思科所有员工出差，一律坐经济舱。为什么思科的员工都能够自觉节俭呢？通过节俭使企业和员工都获得更大的利益是他们节俭行为的动力所在。

2004 年，思科通过各种手段降低的开支高达 19.4 亿美元，思科 3 万多名员工，个个都有公司股份，公司“抠”出来效益，使每个人都得到了益处。思科公司实行的是全员期权方案，员工的待遇是工资加股权，40% 的股权在普通员工手中，一名思科普通员工只要干满 12 个月，在股权上的平均收益是3万美元。

此外，公司还把节俭剩下来的资金用于员工的培训，使员工的工作能力得到提高。节俭给思科的员工带来了切实的好处，使得思科公司员工的工资高于业界的平均水平。

☆……☆……☆……☆……☆……☆……

节约首先就要杜绝浪费。节俭是一种道德理念、一种价值观，它可以激发人的进取精神，磨炼人的意志，激励人们主动地提高工作效率，节省不必要的开支，杜绝一切浪费行为，从而为企业降低成本、提高经济效益做出贡献。如果每一名员工都能够自觉地节俭，为企业创造价值和效益，使企业的效益更好，企业就更有能力给予员工相应的回报和奖励，我们也能够得到更大的利益。

员工应该明白，公司的事就是自己的事，为公司节俭，其实就是在为自己谋福利。“大河有水小河满，大河无水小河干”，只有公司有了利益，自己才会有；如果公司亏损，公司不发展不壮大，个人利益又从何谈起？詹姆士·伯克曾经说过：没有公司的赢，就没有员工自我价值的实现；没有公司的赢，也就没有员工的发展。但是，如果没有双赢，也就没有企业的长盛不衰。因此，我们应当牢记“先有大家，然后才会有小家”的道理。

节约是企业和员工的双赢选择。企业需要节约无外乎两个原因，其一就是大的经济趋势，众所周知，随着经济全球化的进程日益加快，市场竞争也越来越激烈。众多竞争对手挤在一个狭窄的市场空间里，分食一块奶酪，导致整体利润和单品利润都在不断下降——我们已步入“微利时代”。很多企业因为经营不善，不懂得节约而破产倒闭。要想在微利时代，度过经济危机，赢得生存和发展，节约是关键。降低生产运营成本，减少不必要的浪费都可以缩减产品的成本，这就使得自身在与同类产品的竞争中占据优势。对此，员工应当有节约意识，明白省下

的就是赚下的，真正为企业着想，从自己做起。

☆☆☆☆☆☆

广东一家服装公司要参加一次大型的展会，需要一批宣传资料。老板叫来秘书小艾，请她尽快去联系印刷厂印制宣传材料。

小艾听到吩咐后并没有马上去执行，而是对老板说："上次展会还剩下好多资料，可以用那些吗？"

老板回答："你找出来核对一下，看看内容是不是一样。"

小艾便找出资料进行核对。过了一会儿，小艾又找到老板。

"老板，我核对过了，绝大部分内容都一样，只有一个电话号码变了。"

"那就去重印吧！"经理回答道。

小艾还在想这件事，她一直都觉得可惜，这么多资料，只因为一个电话号码的改变就不能用了。重印不仅要花费一大笔钱，还要花费时间。

"难道真的没办法再用上这些资料吗？"

无意间，她看见了桌上的一份资料。这份资料是老板开会时用的，因为老板临时改变了一个数据，于是她用一个改正纸把数据改了过来。

突然，她灵机一动，那些宣传材料上的电话号码不也可以用印有新号码的不干胶纸改一下吗？只要贴得整齐，是不会影响美观的。

于是，她马上到老板办公室，向老板请示。

老板有点不放心，问："那样能行吗？"

"我仔细点，不会影响阅读的。"

“好，你去试试吧！”

2个小时后，小艾把整理好的材料给经理过目。在原先那个电话号码上，是一条不干胶，上面是一个工整的新电话号码，看起来一点也没有不协调的感觉。

老板赞扬了小艾一番，并立即开了一个小型会议。在会上，老板说：“小艾的创意非常妙，虽然节省的钱不多，但是可以看出她已经将节约当成了自己的责任，主动去想办法为公司节约，如果大家都像她那样视节约为己任，那么公司就不愁发展了。”

☆……☆……☆……☆……☆……☆……

企业就是我们的第二个家，我们应该像爱护自己的家庭一样爱护企业。只有每一位员工在公共财物的日常使用上做到能省就省，尽力去爱护，为企业尽可能地减少财务支出，这样企业才能稳步发展，员工才能乘着企业这艘大船扬帆起航，创造自己的辉煌！

节约一分钱就等于多挣一分钱。在企业进入微利时代的今天，只有节俭才能为企业卸下沉重的包袱，才能面对各种竞争。很多跨国大型企业都提倡：节约每一分钱、每一分钟、每一张纸、每一度电、每一滴水、每一滴油、每一块煤、每一克料。比如世界最大的零售企业沃尔玛公司，员工记账从来不使用专门的复印纸，都是统一使用废纸的背面。公司规定所有复印纸（重要文件除外）都必须双面使用，违者将会受到处罚，就连沃尔玛的工作记录本，都是用废纸裁成的。圆珠笔必须写得不能写了才能更换；天还没黑，还看得见时绝对不开灯，即使拖地也不能多用一滴水。可见，能否节俭决定着企业的成败。作为企业的员工，我们都有责任尽力帮助企业节省。

第八章　善于合作，老板会毫不留情地剔掉不和谐因子

团队永远比个体更完美。无论你从事什么工作、处于什么环境，都无法脱离其他人的支持去独自完成所有事情。因此，我们要学会融入团队、依靠团队、感恩团队，因为这是一个合作共赢的时代，需要伟大团队的时代。

1. 没有全能的个人只有全能的团队

当代社会，没有人能依靠一己之力获得某项事业的成功，唯有依靠团队的力量，依靠众多人的智慧，才能取得令人瞩目的成就。因此，无论是媒体，还是企业，都在谈“团队精神”。团队精神反映出一个人与别人合作的精神和能力。没有人是万能的，合作才能成就卓越，作为团队中的一分子，我们唯有彼此扶持、彼此帮助，才能最终实现个人前途与企业共同发展的“双赢”。团队合作是个人成功的基础，团队越优秀，个人也就越成功，或者说成功的可能性更大。没有团队精神，个人也失去了成功的可能性。

在德国柏林东南部有一个德军战俘营。为了逃脱纳粹的魔爪，250 多名战俘准备越狱。在纳粹的严密控制之下实施越狱计划，要求每个战俘最大限度地合作，才能确保成功。为此，他们进行了明确的分工。

越狱是一件非常复杂的事。首先要挖地道，而挖地道和隐藏地道极为困难。战俘们一起设计地道，动工挖土，拆下床板、木条支撑地道。处理湿泥土的方式更加令人惊叹，他们用自制的风箱给地道通风吹干泥土。他们还制作了在坑道运土的轨道和手推车，在狭窄的坑道里铺上了照明电线。所动用的工具和材料之多令人难以置信：5000 张床板、1250 根木条、2100

个篮子、71张长桌子、5180把刀、60把铁锹、700英尺绳子、2000英尺电线，还有许多其他的东西。为了寻找到这些东西，他们绞尽了脑汁。此外，每个人还需要普通的衣服、纳粹通行证和身份证以及地图、指南针和干粮等一切可以用得上的东西。担任此项任务的战俘不断弄来任何可能有用的东西，其他人则有步骤、坚持不懈地贿赂甚至讹诈看守。

每个人都有各自明确的分工。做裁缝，做铁匠，当扒手，伪造证件，他们日复一日地秘密工作，甚至组织了一支掩护队，分散德国哨兵的注意力。纳粹雇佣了许多秘密看守，混入战俘营，专门防止越狱，所以掩护队还要负责“安全问题”。掩护队监视每个秘密看守，一旦有看守接近，就悄悄地发信号给其他战俘、岗哨和工程队员。

这一切工作，由于众人的密切协作，在一年多的时间内竟然躲过了纳粹的严密监视。他们成功地挖通了地道，最终获得了自由。

这次惊心动魄的“大逃亡”，可谓是团队协作的完美典范，此次活动任务之艰巨，涉及范围之广，令人难以想象。没有团队精神，个人工作干得再好也没用。只有团结协作、齐心协力才能获得成功。如果说企业是一部运转的大机器，那么员工就是这部机器中的一个零部件。机器运转不了，部件当然也就失去了存在的意义。换句话说，每个员工要成功，首先必须得保证企业的成功。“皮之不存，毛将焉附?”企业团队是第一位的，是基础，是平台，个人要依附这个平台，创建好、保护好这个平台，才有可能谈自身的发展。在公司中，一项工作任务的成功执行，往往要涉及方方面面，需要每一环节的人员积极配合，单靠个人的力量不可能独立完成，也不可能只凭个人的力量来大幅度地提升企业的竞争力，每个人所能实现的仅仅是企业整体目标的一小部分。因此，团队协同和完美配合已成为企业赢得竞争胜利的必要条件，只有依靠团队的力量，才能把个人的愿望和团队的目标结合起来，超越个体的局限，发挥集体的协作作用，产生 1+1>2 的效果。

在团队中，每个成员都应该认识到，一个人的成功不是真正的成功，团队的成功才是最大的成功。那种“只顾自己，不顾集体”的员工，是不受领导和同事们的欢迎的。

有一个刚毕业的女孩参加麦肯锡公司的招聘。她的履历和表现都很突出，一路过关斩将，一直冲到最后一关。最后一关的题目是小组面试，这个女孩伶牙俐齿、抢着发言。在她咄咄逼人的气势下，这个小组的其他成员几乎连说话的机会都没有。她认为自己在面试的时候表现很抢眼，被录取是十拿九稳的。然而，她落选了。麦肯锡公司的人力资源经理认为，这个女孩尽管拥有很强的个人能力，但是很明显，她缺乏团队合作精神，招这样的人对公司的长远发展有害无益。

对企业而言，一个人才就像一颗晶莹圆润的珍珠，企业不但要把最大、最好的珍珠买回来，而且要有自己的“一条线”，能够把这一颗颗零散的珍珠穿起来，串成一条精美的项链。如果没有这条线，珍珠再大、再多也不过是一盘散珠，它们起的作用不过是“单枪匹马”的匹夫之勇。因此，要想获得成功，就应该学会与人合作，而不是单独行动。在公司里，善于合作会让我们的工作和事业向前不断发展。一个人只有懂得合作的重要，才能最大程度地实现个人价值，绽放出完美绚丽的生命之花。

2. 单打独斗是对团队的亵渎

在当今社会分工越来越精细的时代，每个人的能力往往都局限于某一方面，或者是几个有限的领域里。所以，要成功就必须告别单打独斗的时代，善于借力和合作才能走得更远。事实证明，光靠自己单打独斗，成功的希望实在是微乎其微。那些成功者之所以能取得成功，是因为他们总是在不断地与别人合作，不断地寻找可以帮助他们的朋友。

曾经有记者采访比尔·盖茨时问他成功的秘诀。盖茨说：“因为有更多的成功人士在为我工作。”

众所周知，微软公司使数以万计的雇员成了百万富翁。可鲜为人知的是，他们中许多人在经济独立之后，仍继续留在微软工作。在某些人看来，这些百万富翁大概是发了神经。的确，大多数人认为，发财就等于取得了辞职的资格证书。但是，微软公司的百万富翁们并不那样认为。那么，是什么神奇的吸引力，竟使这些百万富翁不是因为自己经济的需要而如此卖命地工作呢？

答案只有一个，那就是完全超越了自我的团体意识。这种团体意识，已在微软公司生根发芽。微软人认为，他们不属于自己，而是从属于微软这个团体。董事长比尔·盖茨在谈到团队精神时，讲过这样一段话：“这种团队精神营造了一种氛围，在这种氛围中，开拓性思维不断涌现，员工的潜能得以充分发挥。”

☆……☆……☆……☆……☆……☆……

在企业中，团队合作能够激发员工的个人潜力，通过团队合作取得的成绩要远远大于个人所得，合作能力通常是企业招聘过程中比较重视的一环，没有合作能力的人，就不能胜任自己的职位，不能完成自己的责任，不能获得自己想要的成功。

所以，作为员工，一定要学会合作，而不是搞“个人主义”。对企业而言，一个人的成功不是真正的成功，团队的成功才是最大的成功。将个人目标融入团队目标，会使个人将注意力投向公司及部门的整体业绩，而不是关注自己的报酬和升迁。将个人目标融入团队目标中，可以增进对自己工作的认同，从而大大提高了热情和效率。

……☆……☆……☆……☆……☆……☆

丽欣是一家企业的中层管理人员，曾担任过这家公司一个大部门主管。但是，两年过去了，她却渐渐地被边缘化了，脱离企业的核心圈子，最后只好自己辞职走人。回顾自己的这次经历，丽欣感受最深的就是自己过于“独立”了，显得与老板和同事格格不入。公司组织年终拓展会，丽欣认为这并不能对日常的工作起到促进作用，不参加。公司组织到泰山旅游，丽欣认为利用周末时间去参加集体组织的旅游，影响了休息，没意思，并且冷嘲热讽地说公司抠门，既然想给员工一个旅游的福利，就应该用工作时间。老板组织中层聚餐，丽欣觉得没有共同话题，就不参加，为了让丽欣参加聚会，老板还亲自找她谈过，告诉她这些不仅仅是活动，也是工作，但丽欣却固执己见。到后来，“不参加”成了丽欣的品牌，老板也就随着她了。这些事都让丽欣在同事们中显得“鹤立鸡群”，甚至有点

怪异。因为参与企业的活动少，与同事的交流少，很多时候考虑问题都不是一个前提。最后，丽欣被邀请参加的次数就越来越少，逐渐被边缘化了。

折断一根筷子，想来不会太难，但是要一次折断十根筷子，就不那么容易了。道理非常简单，就是团结的力量。团结是构筑成功的基础。成功者都深谙这个道理：成功是靠组织、靠团体，而不是靠个人。他们遇到任何问题，首先想到的肯定不会是自己单枪匹马地去解决，而是找他们的伙伴一起来商量，集思广益，博采众长。只有如此，成功才会变得更加容易。

事实上，每一个成功人士的背后都有一大批人在奉献。每一位知名企业家，幕后都有一个出色的团队；那些电影明星，身后都有制作团队；那些歌星，也都离不开音乐工作者和唱片公司的支持。这些人成功靠的不仅仅是自己的努力，更多的是大家的努力，所以说这是一个合作的时代。

史蒂文不仅拥有出色的才华，而且在工作上也做出了很多成绩，他是公司辛勤工作的典范。他总是恪尽职守，专注手头的工作，老板对他所做的工作评价也很高。按照他的才能，他早就应该晋升到更高职位了，可他现在依然在原地不动。即使是最重要的主管职位似乎也不需要他那么多年的学习经历，不需要他十年来兢兢业业的工作，也不需要他为了追求一个能够充分发挥才干的职位而倾注的耐心。史蒂文不明白，为什么那些能力比他差的人都得到晋升，而他的职位却一直很低，连私人办公室都没有。其实造成这种状况的一个很重要的原因是：史蒂文不喜欢与人合作。他只是埋头自己的工作，不喜欢和大家交流。如果团队其他成员需要他的协助，他不是拒绝就是很不情愿地参与。有时他宁可事事亲历亲为，也不向同事请求帮助。这样的孤军奋战，怎能成就大事？

现在很多人都存在着个人英雄主义，总希望一个人单枪匹马干点什么出来。他们既不愿帮助别人，也不愿意别人帮助自己，以为只要凭借个人的力量就可以纵横职场。但是，现实却往往令他们非常失望。他们不但没有得到令人钦羡的成绩，相反却总是屡遭挫折。为什么会这样呢？因为作为一个个体，就算你才华横溢、无所不能，但一个人的能力毕竟是有限的，仅靠自己是很难创造出令人满意的业绩来的，失败也就在所难免。个人英雄主义是团队合作的大敌。如果你从不承认团队对自己有帮助，即使接受过帮助也认为这是团队的义务，你必须抛弃这一愚蠢的态度，否则只会使自己的事业受阻。时代需要英雄，更需要伟大的团队。21 世纪的竞争态势已经很明显，一个伟大的团队远远胜于英雄个人的作用。因此，一个人是否具有团队合作的精神，将直接关系到他工作的成败。

3. 融入团队，真诚面对每个人

在任何一家优秀的企业里，都非常推崇团队精神。随着竞争的日趋激烈，团队精神已经越来越为公司和个人所重视，因为这是一个团队的时代。无论是从公司发展还是从个人发展的角度，你都不能脱离团队而

且必须融入团队中去。

佛家有一个很著名的故事：一次释迦牟尼在给弟子们讲授佛法时，突然提出了“怎样才能让一滴水永不干涸？”这个问题。大家沉思良久，都不知如何作答，最后还是佛祖本人给出了答案：“把它放进大海里吧！”

如果从职场角度来看，这个答案恰好解释了个人与团队的关系。一滴水的单独存在微不足道，一阵风、一点阳光，甚至可能人们随手轻轻一碰，就能让它从这个世界彻底消失。可要是这滴水进入了大海，那情况就大不一样。它不仅不会干涸，更有可能借助大海的力量去创造奇迹，和大海一起掀起滔天巨浪，无所不能。一滴水要想不干涸的唯一办法就是融入大海，一个公司员工要想生存的唯一选择就是融入团队。要想在工作中快速成长，就必须依靠团队，依靠集体力量来提升自己。

刘军是一名营销专业的大学生，他不仅长得帅，而且还能说会道，口才不错。毕业后，他在一家大型健身会所当业务员。工作没多久，由于他各方面的优势，很快就做出了业绩，深得老板赏识。照理说，刘军是很有前途的，但他有个致命的缺陷，就是不能和同事合作。一天，同事杜涛问刘军：“你待会儿有没有时间？我刚联系到一个客户，是个大客户，打算一次性办三年的健身卡。我怕自己口才不大好‘攻’不下来，想请你帮忙，以便拿下这个客户。”“我待会儿也要接待一个客户。”刘军冷冷地说。但是那天下午，刘军却一直在发传单，并没有与客户洽谈。杜涛看到后心里非常愤恨，一心想团结周围的“兄弟”们把刘军“开除”出去。

不久后，刘军也遇到了工作上的困难，因为感冒，他几天都无法接待办卡客户，便赶紧打电话请杜涛他们帮忙接待一下。杜涛想起了他以前的冷漠，便以牙还牙，而其他同事也对刘军的客户爱理不理。几天后，刘军感冒好了，回到公司后发现业绩损失很大，于是他对同事们产生了更大的怨恨，以后更加不愿意帮周围人的忙，和杜涛等人的关系一直处于紧张状态。就这样，刘军与同事之间的人际关系形成恶性循环，业绩一步步下滑。他感受不到一点快乐，每次进会所都倍感压抑，最后只得无奈地选择了离开。

刘军的“离开”，再一次印证了一个道理：不能与团队融合，就不能在职场混下去。那种只顾自己、不顾别人的员工，是不会受老板和同事的欢迎的。想要得到同事的认可、上司的欢迎，除了努力工作之外，团队精神不可或缺。如果刘军一开始就能够和同事们配合好，在杜涛需要帮助时主动帮忙，那么他的最终结果就不会那样无奈。

在公司里，只有把自己很好地和团队融为一体，才能让自己得到最好的发展。这就好比一盘散沙，尽管它金黄发亮，也仍然没有太大的作用。但是如果建筑工人把它掺在水泥中，就能成为建造高楼大厦的水泥板和水泥墩柱；如果化工厂的工人把它烧结冷却，它就变成晶莹透明的玻璃。单个人犹如沙粒，只有与人合作，才会起到意想不到的变化，成为令人不可思议的有用之才。

李非是一家公司的业务骨干，他喜欢看书，看提高业务水平的书、名人传记等，但是同事们业余时间都喜欢打麻将，喜欢斗地主玩牌，喜欢炒股，喜欢上网冲浪……上下班闲来没事的时候，同事们在一起，天天谈论的是打麻将的趣事，斗地主

的输赢，炒股的涨跌，和网友交谈的内容等。李非虽然业务能力较强，也出了不少成绩，但因为和同事没有共同兴趣和爱好，也就显得郁郁寡欢，有点孤单。他想：“我不可能为了不孤单就去迎合他们。”有了这样的想法，他处处流露出与同事们的不合群，大家也就渐渐地和他疏远了。

失意之下，李非开始反省自己，也许自己是傲了点，这样无形中就和同事拉开了距离。仔细分析人和事之后，他渐渐开始明白，每个同事都有自己可学习的地方，自己又不是什么大树，只不过是一颗小石子，都是给工作铺路的。于是，李非开始有意改变自己，温和地听同事讲述身边发生的事，对同事谦和有礼。虽不迎合同事的爱好，不迎合同事的生活内容，但他明显地快乐多了、开心多了。他在包容中找到了快乐工作之道。

有一次，李非参与公司的一项策划工作，在工作小组里大家各负其责，有的负责评估，有的负责查找资料，还有的人负责外联和写报告。大家分工合作，几天内就搞定了一份三十多页的报告。报告得到了客户首肯时，李非这才真正理解了老板常说的那句话：“尽管每一个人都是最好的，合抱在一起，才会更好。”

☆……☆……☆……☆……☆……☆……

作为公司的一员，只有把自己融入到整个公司之中，凭借整个团队的力量，才能把自己所不能完成的棘手的问题解决好。获得成功的捷径就是充分利用团队的力量。在公司里，一个人如果不懂得取长补短，那么就无法得到领导的赏识。相反，如果人人都能够懂得“一滴水，只有融入大海，才永远不会枯竭”，把自己充分地融入到整个企业、整个市场的大环境当中，那么就一定能够充分发挥自己的才能，从而创造出更大的价值，实现自己的人生价值！作为团队中的一员，你应该从哪几个方面来融入团队呢？

（1）时常检查自己的缺点。你应该时常检查一下自己的缺点，比如，还是不是那么冷漠，言辞还是不是那么犀利。在团队合作中，如果你固执己见，不听取他人的意见，或无法与他人达成一致，团队的工作就无法进行下去。团队的效率在于配合的默契，如果达不成这种默契，团队合作就不可能成功。

（2）让他人认同你。你的工作需要得到大家的支持和认可，而不是反对，所以你必须让大家认同你。但一个人又如何让别人来认同自己呢？除了和大家一起工作外，还应该尽量和大家一起去参加各种活动，或者礼貌地关心一下别人的生活。总之，要使大家觉得，你不仅是他们的好同事，还是他们的好朋友。

（3）保持足够的谦虚。任何人都不喜欢骄傲自大的人，这种人在团队合作中也不会被大家认可。你可能会觉得自己在某个方面比其他人强，但你更应该将自己的注意力放在他人的强项上，只有这样，你才能看到自己的缺点。因为团队中的任何一位成员，都可能是某个领域的专家，所以你必须保持足够的谦虚。谦虚会让你看到自己的短处，这种压力会促使你在团队中不断地进步。

4. 重视沟通，提高团队凝聚力

“沟通从心开始”，这是中国移动一句耳熟能详的广告语，对于团队沟通来说同样如此。团队沟通是随着团队这一组织结构的诞生应运而

生的。团队沟通即为工作小组内部发生的所有形式的沟通。不少人一提起沟通就以为是要善于滔滔不绝地说话，事实上，团队沟通既包括怎样发表自己的看法，也包括如何倾听别人的意见。沟通的方式有许多，除了面对面的直接交谈，一封快捷的E-mail、一通热情的电话，甚至是一个双方目光接触的眼神都是沟通的方法。

刚上班的小李，在一家企业干了一段时间觉得压力太大，产生了畏难情绪，于是找到班组长老林提出辞职。老林当时没有答应他，只说："难道你想以一个失败者的形象离开公司吗?"鼓励小李将最困难的事项列成清单交到班组车间。随后，老林主动帮小李解决了清单上的各种问题，并每周主动约小李下班后沟通思想。这之后小李进步很快，过了半年，老林再次问小李是否还想辞职时，小李显得很不好意思了。这时，老林告诉小李："如果当时让你走了，虽然你可以到其他企业从头干起，但会给你的组员造成不好的影响。再说，你没能持续而完整地在这里积累工作经验，也是个很大的遗憾。另一方面，车间一时也找不到合适的人来。如果当时你真走了，这说明我们的管理肯定存在严重问题，是我们的失职啊!"

老林的做法既是对小李负责，也是对企业负责。有责任心的干部才会这样留住人才。美国心理学家佛格森曾说："每个人都有一扇无论晓之以理还是动之以情都无法从外面打开的门。"靠强势压人式的管理，由于在这过程中员工往往不被理解而本能地产生抵触情绪和对抗行为，结果往往是压而不服。然而真诚沟通式的管理，通过晓之以理的互动交流，使得各自对对方都有一个比较全面的了解，就容易求同存异，提高团队凝聚力。

做好团队沟通仅仅有合作意识还是不够的，还需要找到与团队成员沟通的方法和技巧。可以从以下几个方面去做：

(1) 欣赏。很多时候，同处于一个团队中的工作伙伴常常会乱设“敌人”，尤其是大家因某事而分出了高低时，落在后面的人心里就会酸溜溜的。所以，每个人都要先把心态摆正，用客观的目光去看看“假想敌”到底有没有长处，哪怕是一点点比自己好的地方都值得学习。欣赏同一个团队的每一个成员，就是在为团队增加助力。改掉自身的缺点，就是在消灭团队的弱点。

(2) 尊重。尊重没有高低之分，尊重只是团队成员在交往时的一种平等的态度。平等待人，有礼有节，既尊重他人，又尽量保持自我个性，这是团队合作能力之一。

(3) 宽容。美国人崇尚团队精神，而宽容正是他们最为推崇的一种合作基础，因为他们清楚这是一种真正的以退为进的团队策略。雨果曾经说过，“世界上最宽阔的是海洋，比海洋更宽阔的是天空，而比天空更宽阔的则是人的心灵”。这句话无论何时何地都是适用的。即使是在激烈竞争的职场上，宽容仍是能让你尽快融入团队之中的捷径。

(4) 信任。美国企业管理者坚信这样一个简单的理念：如果连起码的信任都做不到，那么，团队协作就是一句空话，绝没有落实到位的可能。人们在遇到问题时，会首先相信自己和自己的经验，最后，万不得已才相信他人。这一点，在团队合作中则是大忌。团队是一个相互协作的群体，它需要团队成员之间建立相互信任的关系。

(5) 负责。负责，不仅意味着对错误负责，对自己负责，更意味着对团队负责，并将这种负责精神落实到每一个工作的细节之中。一个对团队工作不负责任的人，往往是一个缺乏自信的人，也是一个无法体会快乐真谛的人。

此外，与团队成员相处难免会有意见不合的时候，如果对方批评自

己的过错，应欣然接受，并请对方清楚说明，被人责怪难免自己有三分错，所以当别人纠正自己的错误时，一定要虚心接受。当出现不和谐的音符时，最好在事态恶化之前予以化解。

5. 顾全大局，维护团队共同利益

带领一个团队时，要顾全大局，明确分工。在社会分工越来越细的今天，讲求团队合作精神显得尤其重要。只有识大体、顾大局，才能站住脚跟，获得支持，成就大业。顾全大局是集体主义思想的核心表现。有了服从和服务于大局的意识，才能借团队之力，迎来成功女神的微笑。

一位畅游南美洲的作家，曾遇见过这样一件事：游客们点燃干燥的原始草丛，把一群黑压压的蚂蚁围在当中，火借着风势，逐渐蔓延。最初，受到大火袭击的蚂蚁乱成一团，但很快就恢复秩序，然后迅速扭成一团，像雪球一样朝外滚动突围。外层的蚂蚁被烧得“噼里啪啦”直响，死伤无数，但蚂蚁团仍然勇猛地向外滚动，终于冲出火圈。作家被这群蚂蚁团队精神深深感动，坚决制止了游客们还想再烧的行为。

蚂蚁尚且知道作为团队中的一员，就要团结协作、同舟共济、维护团队利益，何况我们呢！所以说，作为团队中的一名成员，就必须从团队的角度出发，树立起对团队负责的意识。

对团队负责就要从大局利益和整体利益出发，而不计较个人的得失。那么对于员工来说，什么是大局呢？当然是公司的利益。为什么公司的利益就是大局呢？因为公司就像一个大家庭，员工就是这个家庭的成员，公司的利益大了，员工的利益也就大了。公司的利益和员工的利益是紧密相连的，只有顾全大局、保障公司的利益，才能在此基础上实现个人的利益。相反，在工作上时时处处从自身的利益出发，置公司的利益于不顾，自然不会得到老板的重用。

······☆······☆······☆······☆······☆······☆

有一个“动物拉车”的寓言或许能给我们一些启示：天鹅、梭子鱼和老鼠，成了好朋友。有一天它们发现路上有一辆装满食物的车，就决定把车拉走。于是赶忙套上绳索，使劲拉。结果大家拼尽全力，却怎么也拉不动。按常理以它们共同的力量拉动这辆车一点问题都没有，可为什么这么拼命拉还是拉不动呢？

天鹅首先发现了问题：原来它们根本不是往一个方向拉。天鹅拼了命的朝天上拉，梭子鱼死命地朝水里拉，老鼠当然是用尽全力往田里拉。这样怎么可能拉得动？

于是，天鹅要求大家改变方向，往同一个方向拉，这样大家才有可能都得到食物吃，要不然，谁都吃不上。梭子鱼和老鼠却都不愿意——要是拉到天鹅的天上去了，我们怎么可能吃得到？

天鹅想了想，说：“现在主要的问题是我们要把车拉走，拿到食物，这才是大局，其他的都是小事。只要大家齐心协力把车拉走，保证食物都归我们所有，你们说拉到哪里，我都同意。”

最后大家达成了一致，把车拉到老鼠的田边，靠近梭子鱼的地方，这样大家都能吃得到。于是，它们一起，同心合力把车拉到了田边，享受到了丰盛的晚餐。

☆……☆……☆……☆……☆……☆……

从团队角度来说，“步调一致才能得胜利”。团队合作中，首先要解决的问题是“步调一致”的问题，任何人、任何事，都是相互联系、无法独立存在的。工作也一样，它需要大家的相互协作与配合。一个优秀的企业必然拥有一个优秀的团队，一个优秀的团队也必然要求员工树立强烈的合作精神和大局意识。

在团队中，每个成员都应该认识到，一个人的成功不是真正的成功，团队的成功才是最大的成功。那种“只顾自己，不顾集体”的员工，是不受领导和同事们的欢迎的。在美国，一位教授曾对 1500 名获得了杰出成就的人物进行调查和研究，结果表明他们具有某些相似的特点，其中之一就是具有团队合作精神。对于公司来说，一个没有对团队负责精神的员工，就像一颗不定时的炸弹，随时都可能给公司带来危害。

……☆……☆……☆……☆……☆……☆

刘坤是一家公司的员工，平时对待工作很认真，也很努力，甚至将公司当成是自己的家。他对公司尽心尽力，为公司的发展积极献计献策，因此，刘坤很得上司的欢心，也渐渐从一个小职员成长为了公司的中层管理人员。但是，最近公司进行重新调整，鉴于发展的需要，公司的高层决定撤销刘坤所负责的部门。这件事情传到刘坤耳朵里之后，刘坤非常不满意，认为这样会影响到自己的利益，况且自己曾经给公司立下了汗马功劳。于是，为了反抗公司的决定，刘坤逐渐改变了工作的态度，渐渐地变得消极起来。为此，老板找他进行了几次谈话，希望他能够站在公司的角度上想一想，但刘坤始终没有改变自己的态度，最后老板解雇了刘坤。

工作中，不顾全公司大局的员工永远不会得到老板的青睐。刘坤就是个很好的例子，本来公司撤销他所在的部门，是出于公司发展前途来考虑的，而他却因为自己的利益被触动而消极怠工，影响到公司的整体利益，最终当然不可避免地被开除了。一个优秀的企业必然拥有一个优秀的团队，一个优秀的团队也必然要求员工树立强烈的团队精神和大局意识。树立大局意识才会让我们的工作和事业不断向前发展。一个人只有顾全大局，懂得合作的重要，才能最大程度地实现个人价值。

6. 学会分享，不独占团队成果

俗话说："有福同享，有难同当。"在团队里，任何成功都是团队成员共同劳动的结果，仅仅靠一个人是不会干出任何事业来的。分享才能避免劳而无功，独占易起纷争，分享才能共利。

有一群猴子，发现一个高高的悬崖顶上有一串熟透了的果子，悬崖太陡峭了，仅仅靠一个猴子的力量是无法摘到果子的，于是猴子们团结起来，一个踩着一个的肩膀，搭起了"梯子"。这样，最上面的猴子摘到了果子。摘到果子的猴子忘记了自己之所以能摘到果子，完全是大家团结合作的结果，

独自在悬崖上大嚼起来，丝毫不理会下面的猴子，下面的猴子生气了，撤去了“梯子”，最上面的猴子吃完了所有的果子，却怎么也找不到下来的路，最后饿死在悬崖上。

☆……☆……☆……☆……☆……☆……

猴子们通过团队合作摘到了悬崖上的果子，而最上面的猴子却独占了大家的劳动果实。从短期看，最上面的猴子自己吃到了所有的果实。但是从长远看，它却被踢出了团队，最后还丧了命。可见，与他人分享成果，才是进一步团结他人最好的方式。因此，当你在工作和事业上干出点名堂，有成就时，这当然是好事，你也应当为自己高兴。但是有一点，如果这一成就的取得也得到大家的帮助，那你千万别独占功劳。

……☆……☆……☆……☆……☆……☆

有个部门经理这一年的业绩尤为突出，年底时，老板在表彰会上特别表扬了他，并在颁发奖金外，额外还给了他一个红包。大会上的主持人就此事，请他谈谈心里的感受。

他面对公司所有人说起了自己这一年来如何兢兢业业，如何积累知识，如何提高能力等，可就是没有提及一句感谢上司对他的信任和重用，还有同事及其下属对他的帮助和合作之类的话。大会一结束，便一溜烟地跑了，也没有邀请同事们庆祝一下。

虽然，表面上大家都没有说什么，但从此他的上司就开始了有意地刁难，同事们也开始了有意地疏远，下属们也变得懒散，以至于经常顶撞他。

一段时间后，他曾经挂在脸上春风得意的笑容消失了，也逐渐被大家孤立。

☆……☆……☆……☆……☆……☆……

每个人都希望自己与荣誉和成功联系在一起，但如果无视别人，就很难在职场立足。因此，不要感叹上司、同事和下属心胸狭小，其实造成最后这种局面的根源还是在自己。其实每个人都认为别人的成功中总有一份自己的功劳和苦劳，而这个部门经理却傻乎乎地独自抱着荣誉不放，别人当然不会为他如此自私的做法而感到舒服了。因此，当你获得荣誉时，对他人要更加客气，荣誉越高，头要越低。另一方面，别老是提及你的荣誉，说得多了，就变成了一种自我吹嘘，既然你的荣誉大家早已经知道，那何必又提及呢？其实，别独享荣誉，说白了就是不要去威胁别人的生存空间，因为你的荣誉会让别人变得暗淡，产生一种不安全感，给别人带来压力。当你获得荣誉时，应该去感谢他人、与他人分享。否则，如果你独享荣誉，那么总有一天你会独吞苦果！

优秀的员工，当老板宣布他被提升或者受到奖励的时候，往往都非常谦虚，在享受荣誉的时候，他绝对不会忘了感谢那些和自己一起努力或者曾经帮助过自己的人，让所有曾经参与的人都分享这一荣誉和喜悦。这样的员工，大家也乐于看到他的成功，当他获得成功的时候往往得到的是赞许和掌声，而且大家以后会更努力地团结在他周围，去争取更大的成功——因为大家都知道，不管取得多大的成功，他都不会忘记曾经帮助过自己的人，大家都会有所回报。另外一些员工，他们在获得奖励的时候，眼睛就从正常的位置挪到头顶上了，仿佛自己已经超越了别人，成为“高人一等的贵族”，连说话都高傲起来。这样的员工，把自己和团体隔离开来，谁以后还愿意帮助他呢？

对此，迈克尔·乔丹在结束自己的篮球生涯时说：“在别人看来，我站在篮球世界的顶端，每当听到这样的赞美，我都感到惶恐。我取得的所有成绩都是和队友们以及教练一起努力的结果，还有赞助商和支持、鼓励我们的球迷们，荣誉属于你们每一个人，我只是幸运地作为代表，一次次地领取奖杯。”迈克尔·乔丹在每一场比赛中都和队友们团结一致地去争取胜利，取胜之后他总是和队友们互相拥抱、分享胜利。

正是迈克尔·乔丹这种无私的分享精神，皮蓬等一大批 NBA 巨星才甘于充当配角，紧密地团结在他周围，为公牛队取得一个又一个冠军。所以，在职业生涯中当你的工作和事业有了成就时，千万记得不要独自享受。摒弃“自视清高”的作风，代之以“众人拾柴火焰高”的团队意识。注意到这一点，相信你获得的荣誉能够助你更上一层楼，你的职场生涯也将更加辉煌。

第九章　提升能力，做具有“工匠精神”的卓越员工

拥有过人的技能，是事业成功的必要条件。下决心掌握自己职业领域内的核心技术和技能，使自己变得比他人更精通、更专业，你才能成为具有工匠精神的员工。唯有这种态度，方可成就完美的技能。工作中有此态度，天下何事不可成？

1. 坚持学习，不要抱着文凭睡大觉

企业招聘人才，文凭是敲门砖，不断提升自己才是开锁的钥匙。一家大公司的总经理对前来应聘的大学毕业生说：“你的文凭代表你应有的文化程度，它的价值会体现在你的底薪上，但有效期只有三个月。要想在我这里干下去，就必须知道你该学些什么东西。如果不知道该学些什么新东西，你的文凭在我这里就会失效。”

文凭在中国乃至亚洲社会都很重要，这点没有什么可避讳。但是现在的文凭和工作的关系只是入不入得了门的问题！当你的工作岗位要求的不再是初等职位时，人家不会在乎你是什么文凭，只是看你的工作能力。因此，我们不要迷信文凭。我们应该清楚一点：一个人能否成功与学历的高低并没有必然的联系，有些人即使没有学历，凭借自己的毅力以及善于把握机会的特点仍然可以做到一鸣惊人，获得不凡的成就。你必须明白：高学历不代表财富，更不代表成功。学历仅仅是块职场的敲门砖，有学历并不等于就有了一切。

☆ ☆ ☆ ☆ ☆ ☆

2010 年，两个年轻的大学生同时应聘到一家公司，一个是名牌大学毕业的高才生小王，另一个是普通大学毕业的小赵。因为他们都是刚刚参加工作，没有什么经验，所以，公司安排他们从基层干起。尽管他们担任的职位差不多，但起薪有所不同，高才生小王的工资自然要高一些。小王在大学里储备了丰富的知识，对于自己的工作任务能轻松自如地应对。他非常自信，甚至有点瞧不起小赵笨头笨脑的样子。颇有自知之明的小赵，知道自己的学历有点浅，知识面没有小王宽。为了缩小自己与小王的差距，小赵经常利用空闲时间努力学习，碰到不明白的地方，小赵有时不得不硬着头皮向自负的小王请教。

虚心好学的小赵，在工作上也经常向同事们请教，还时常征求领导的看法，以便在工作中能及时发现问题，纠正错误。通过旁人的指点，小赵在工作和学习中少走了许多弯路。

有一次，晚上10点了，老板正要离开办公室，看到小赵还在电脑旁忙碌，便催小赵下班。小赵告诉老板，自己觉得业务能力很一般，想对业务更精通些，便每天晚上在网站上查些学习资料，提高自己的业务水平。老板点了点头，给他推荐了两个不错的专业网站，就离开了公司。

因为小赵的不断努力，不知不觉中，小赵的工作能力便和小王旗鼓相当了。两年以后，这两个年轻人的工作能力又有了新的差距：小王和刚入公司相比并没有太大的提高，倒是小赵在原有的基础上，前进了一大步。公司交给的任务，小赵不仅完成得又快又好，还能在工作中提出很多完善管理、创造效益的好点子。他的业绩大大超过了小王，而且还被提升为部门主管，当然薪水也要高于小王。

☆……☆……☆……☆……☆……☆……

员工靠什么立足职场？靠工作能力。在竞争激烈的市场环境下，一个人能否在企业立足，靠的就是他的卓越能力，只有具备卓越能力的员工才能为企业创造出业绩，有了业绩才能获得高薪水。正是由于这个原因，“花瓶式员工”只能停留在低薪岗位上，每月领取基本工资，高额的奖金和绩效工资与他们无缘。如果你不能在工作能力上下工夫，可能连基本工资都拿不到。

在现实生活中，有些人往往非常看重薪水和工作环境。很少有人把学习技术、提升自己的能力摆在第一位，与之相反，总是抱怨公司、老板对自己的不够重视。实际上，问题出在自己身上，你不养成学习的习惯，不提高自己的工作能力，老板怎么会青睐你呢？作为老板，谁都会提拔那些有上进心，并且能为公司作出重大贡献的人。事实就是这样，不是小王的业绩不好，而是小赵的业绩更出色。名牌大学的背景并不能让人进步，持续学习才是走向成功的关键。可能小王还沉溺于自己辉煌的过去，而小赵正悄声无息地学习，赶超别人。

白领阶层目前流行这样一条知识折旧定律："一年不学习，你所拥有的全部知识就会折旧 80%。你今天不懂的东西，到明天早晨就过时了。现在有关这个世界的绝大多数观念，也许在不到两年的时间里，将成为永远的过去。"现在知识老化得很快，每十年甚至更短的时间内知识就要更新一遍。每个人都不能光靠过去所学的知识来工作，而要不断地学习。人的核心竞争力源于创新能力，而创新能力则来自不断地学习。因而，学习能力是一个优秀员工必备的素质，也是一个员工让自己成为企业发展动力的有效途径。一个现在有能力的人，无论他是博士、硕士，还是高级工程师，如果不注重学习，也会落后，变成一个"能力平平"的人。然而一个暂时能力不是很强的人，只要坚持学习，善于学习，就一定会成为一个能力出众的人。所以，在职场上，文凭只是一个知识积累的标志，公司用人，更看重的是员工的发展潜力与解决实际问题的能力，而这一切，只有通过不断地学习、不断地自我提升，才能获得。

……☆……☆……☆……☆……☆……☆

"全球第一女 CEO"，惠普公司董事长兼首席执行官卡

莉·费奥莉纳女士从秘书工作开始职业生涯，是如何提升自我价值，一步步走向成功，并最终从男性主宰的权力世界中脱颖而出的呢？答案就是不断在工作中学习。

卡莉·费奥莉纳学过法律，也学过历史和哲学，但这些都不是她最终成为CEO的必要条件。卡莉·费奥莉纳并非技术出身，在惠普这样一家以技术创新而领先的公司，她只有通过自己的不断学习才能不落伍。她说:“不断学习是一个CEO成功的最基本要素。这里说的不断学习，是在工作中不断总结过去的经验，不断适应新的环境和新的变化，不断体会更好的工作方法和效率。我在刚开始的时候，也做过一些不起眼的工作，但我还是从自己的兴趣出发，找最合适的岗位。因为，只有我的工作与我的兴趣相吻合，我才能最大限度地在工作中学习新的知识和经验。在惠普，不只是我需要在工作中不断学习，整个惠普都有鼓励员工学习的机制，每过一段时间，大家就会坐在一起，相互交流，了解对方和整个公司的动态，了解业界的新动向。这些小事情，是能保证大家步伐紧跟时代、在工作中不断自我更新的好办法。”“很少有人能够具备与生俱来的领导能力，真正成功的领导者肯定是在工作中不断积累经验、不断学习而逐步成功的。”

☆······☆······☆······☆······☆······☆······

一个愿意通过学习来提升自己能力的人，最终会获得职位上的升迁和事业上的成功。学习是不断提高自己的阶梯，只有通过学习才能更好地为企业服务。学习的目的不是为了追求高学历，而是不断提高自己的能力，提高自己为企业服务的能力。任何时候，能力都是你安身立命的“法宝”，是你在竞争激烈的职场中脱颖而出的“杀手锏”。虽然，在工作中坚持学习是一件十分困难的事情，生活中总有很多诱惑，比如逛街，朋友聚会，网络游戏，精彩的电视节目等，这些都会大量消磨我们的时间。不过，每天坚持抽出一点时间来学习，无论是对自身的成长，还是对岗位的适应，都是有很大帮助的。

2. 专注才能专业，成为行业不可或缺的专家型人才

一个人的精力用到什么地方，实际上是精神境界、精神状态的一种反映。如今的时代科技飞速发展，每一个行业都要求人们越来越精、越来越专。因此，没有专注精神是很难做出一番成就的。今天在这个行业浅尝辄止，明天去那个行业学点皮毛，就像是猴子掰玉米，掰一个丢一个，这样做无疑是在浪费自己之前的所有努力。做一切事情成功的关键，就是专注。专注是一种优秀的职业品质，是每一位员工都应遵从的基本价值观。始终坚持一心一意地专注自己的工作，是每个人获取成功不可或缺的品质。

专注是一种态度、一种行为。对于一个职场人来说，专注才能取得成功。无论从事什么样的工作，只要具备了专注的精神，一定会有所成就。做事情必须心无旁骛、专心致志，成功人士都能认识到集中精力的重要性。只有心无旁骛地做事，才能把聪明才智调动起来，才能把积极性、创造性发挥出来。如此日复一日地兢兢业业干事创业，事情何愁做不好，事业何愁不成功？有些人做事失败，往往在于或急功近利，或见异思迁，或浅尝辄止，或有始无终，其结果往往是一事无成。无数事实

证明，成功的秘诀全在心无旁骛。只有把自己的注意力和精力集中在已经确定的目标上，并且贯穿到为实现目标采取的行动上，才能保证成功。因此，一个人要想成为老板眼里的好员工，就要记住：集中精力做好自己手中的事。

巴黎一家五星级大酒店有个小厨师，长得并不英俊，憨憨的。他没有什么特别的长处，做不出什么上得大场面的菜，所以他在厨房里只当下手。但是他会做一道非常特别的甜点。两只苹果的果肉都放进一只苹果中，那只苹果就显得特别丰满，可是外表上看，一点儿也看不出是两只苹果拼起来的，就像是天生那样子长的一般。同时果核也被他巧妙地去掉了，吃起来特别香。

这道甜点被一位长期包住酒店的贵妇人发现，她品尝后，十分欣赏。并特意约见了做这道甜点的小厨师。贵妇人虽然长期包了一套最昂贵的套房，一年中也只有不到一个月的时间在这里度过，但是，她每次到这里来，都会指名点那道小厨师做的甜点。

酒店里年年都要裁去一定比例的员工，经济低迷的时候，裁员的规模会更大。不起眼的小厨师却年年风平浪静，就像有特别硬的后台和背景。后来，酒店的总裁告诉小厨师，那位贵妇人是他们最重要的客人，而他是酒店里不可或缺的人。

在职场上打拼，专业能力是最重要的通行证。拥有过人的能力，是事业成功的必要条件。作为个人，专业能力是我们生存之本。中国的经济在这三十年来，都处于迅猛发展的阶段，对于劳动力的需求也越来越大，只要我们对工作不挑不拣，有一份工作并不困难。我们并没有在真正意义上去感受就业的残酷，企业裁员的残酷。但中国经济调整的时候，企业倒闭，员工被裁减，将会是一种常态。失业，对于我们每个人而言，都是非常现实的问题。工作可以失去，但我们不能没有专业能力。失去专业能力，就失去了我们生存之技。

一个人的职场生涯占据了人生的大部分时间，在日益激烈的社会竞争中，工作往往成为了人们生存与发展的重要途径。要想让自己成为企业不可或缺的人才，你就必须努力成为企业的专家型人才。要成为企业的专家型人才的硬件，就是你要对这家企业有贡献。这是成为专家型人才的首要条件。你的能力别人没有，这就是你在职场存在的理由，是你能够安身立命的资本。所以，作为员工一定要熟练掌握一门技能，成为企业的专家型人才。否则，你在职场中就是可有可无的人，只能做什么人都可以做的事情，说不定什么时候就被别人顶替掉了。

从一定意义上说，专心致志做事情、干事业，就是要盯着一件事踏踏实实、老老实实干下去、干到底，不干出成绩不离窝，不完成任务不撒手。有的人做事不专一，缺乏持之以恒、坚韧执著的精神与毅力，原因之一就是心浮气躁。浮躁的产生有着深刻的时代根源。社会生活节奏加快、人际关系功利化、岗位竞争日趋激烈、人生的发展没有稳定的预期等，都是浮躁的诱因。但浮躁的主要原因还是人的迷茫与心态的失衡。现实生活中，有的人只想成功不愿努力，只想得到不愿付出，好高骛远，追求浮华，总是这山望着那山高，不肯脚踏实地埋头苦干。有的安于现状，贪图舒适，不思开拓进取，不愿艰苦奋斗。浮躁就难以专注，难以专注又助长浮躁，如此恶性循环，终会碌碌无为。因此，要想专注于事业就需要力戒浮躁。即使遇到困难，也不轻易更改目标，而是积极寻找前进的方法，这样才是获取成果的捷径，这样才能让你抵达目的地。一遇到困难就寻找退路，要求更改道路，这样将会一事无成。

我们要明白，即使具备优秀的能力也不一定会成功，但一个缺乏过硬职业能力的人，是一定不会成功的。一个人能力的高低，直接影响着他在老板眼中的分量和自己在职场上的前途。因此，应该想尽办法提高自己的能力，与你的行业一起与时俱进。只有那些与时俱进的员工，才能在职场上长期并且稳定地生存下去。因此，多专注一分就多一分成功的把握。如果不能在工作中不断地学习，以提高自己知识和能力，就算你曾是公司的三朝元老，就算你是硕士、博士甚至博士后，你不能做好自己的工作，不能为公司创造更大的价值，老板也会为了公司的利益，把你扫地出门。

3. 精益求精，练就令人叹为观止的完美技艺

在这个充满变革的知识时代，企业需要具有工匠精神的员工。众所周知，世界500强企业是世界上最具有竞争力的企业。同样，世界500强企业员工也是世界上卓越员工的代表。他们头顶上罩着令人羡慕的光环，他们自信，总以神采奕奕的形象示人；他们荣耀，为自己的企业骄傲，企业也为拥有这样一群优秀的人才而自豪；他们成功，500强企业出色的业绩、强劲的竞争优势全部由他们创造。那么，到底是什么造就了世界500强企业员工的辉煌呢？是卓越的工作理念，强劲的工作势头，卓绝的执行力，凝聚为一种精神，而这种精神就是“工匠精神”，这些能力正是“工匠”们所具有的能力。这些能力并非遥不可及，平

凡的你我也能练就这样一身硬本领。如果你觉得自己还不够优秀，或想进一步提升自己的业绩，那么办法只有一个，就是传承工匠精神，练就工匠技艺。

工匠精神是对工作的执著，对所做的事情和生产的产品精雕细琢、精益求精，其实质就是现代企业人的信仰及对信仰的坚守。工匠正是呈现这种精神的载体，他们以炉火纯青、登峰造极的技艺，以一丝不苟、精益求精的工作态度，以孜孜不倦、精雕细琢的职业精神，实践着平凡中的崇高与伟大，谱写了人生辉煌的乐章。翻阅历史，中华悠悠五千载，从不缺乏不求名利、甘受寂寞、能拒诱惑的工匠。毫不夸张地说，工匠在推动人类文明方面做出了不可磨灭的贡献。

……☆……☆……☆……☆……☆……☆

邹平魏桥创业集团的粗纱女工刘庆庆因其精湛的操作技术而名扬业界。在纺织业高度自动化的今天，粗纱工又是凭借什么样的绝技获得不可替代的地位呢。原来由于机器的误差，在纺纱流程中的粗纱环节，运转中的棉条容易突然断开，如何最快最好地把棉条规范融接起来，是对粗纱值车工的技术考验。这看似普通的棉条，捏到手上又绵软又筋道。按照操作规范，要把它均匀撕开，撕开的棉条必须有8.5厘米左右的长须纤维，而两块搭头纤维重叠处应该在5厘米左右，如或长或短，织出的布就会过粗或过细；竹签包卷时要里松外紧，旋转360度，否则都不合格。所有这些，刘庆庆仅在3秒钟内完成，而普通工人需要十几秒。魏桥创业集团第三棉纺厂前纺车间主任张清林说:“刘庆庆把接头长度误差控制在一毫米以内，这种技能在业内处在顶尖水平，弥补了设备的不足，与设备有机地结合在一起，使生产效率提高了30%以上。”为了这3秒绝技，刘庆庆不知苦练狠练了多久，腰酸背疼是家常便饭。寒来

暑往，在这平凡的岗位上她干了11年，终成为山东省首席技师，全国技术能手。

一个企业职工素质的高低，决定着企业产品的竞争力和市场占有率，从而决定着企业的前途。“科学技术是第一生产力”，已被越来越多的人所认识。如何把科技转化为现实的生产力，关键取决于职工素质。所以，员工不仅要善于学习，还要练就出色的技能。在工作上，要想在激烈的竞争中占有一席之地，首先要有一些自己有而别人没有的强项。在21世纪激烈的竞争中，我们无处退缩。个人之间、企业之间、国家之间的竞争已经跨越国界，胜利者与失败者的区分变得更为清晰，唯有专业技能优秀的员工才能在全球化经济社会中站稳脚跟。

电焊枪发出的刺眼蓝光晕染着飘散的烟尘，已获得“中华技能大奖”以及多项发明创新奖项的李万君，如今依然手握焊枪活跃在生产一线，以精湛技能打造最安全可靠的中国制造高速列车。这位“五一劳动奖章”获得者，从拿起焊枪到现在，始终兢兢业业、孜孜以求。

李万君职高毕业，被分配到长春客车厂电焊车间水箱工段。披挂着厚重的帆布工作服，扣着封闭的焊帽，李万君和工友们在烟熏火燎中淬炼意志。一年后，当初和他一起入厂的28个伙伴，25个离了职。李万君留了下来。师傅们都说这孩子黏人，问问题问得太细。厂里要求每人每月焊100个水箱，他总会多焊20个；厂里两年发一套工作服，可他一年得磨破四五套。入厂第二年，李万君在车间技能比赛中夺冠。1997年，他首次代表长客公司参加长春市焊工大赛，虽然是最年轻的选手，三种焊法、三个焊件、三个第一轻松收入囊中。此后，经常与不同单位焊接高手切磋的李万君技艺越来越高，并顺利考取了碳钢、不锈钢焊接等6项国际焊工（技师）资格证书，成为全能型焊工。20米外，只要听到焊接声，李万君就能判断出电流电压的大小、焊缝的宽窄、焊接质量如何，绝无差错。很快，李万君小有名气了，厂里的尖端活、关键活都找他。2008年，长客公司引进德国西门子时速350公里高速动车组技术，但与之相匹配的大量高技能工人却一时难求。德国人提供的转向架焊接试验片，只有李万君一人能焊出来。为了新项目，公司成立了新产品车间，抽调高素质人员，还从技校招来了400多名学生让李万君培训，要求短时间内迅速形成生产能力。

德国的工艺标准是全新的，李万君从头学起，常常彻夜不眠，思考如何将复杂的工艺操作过程分解成具体的步骤教给学员。那时候李万君上厕所都一路小跑，生了病就用药顶着，体重掉了20多斤。最终，400多名学员全部提前半年考取了国际焊工资格证书。德国西门子的焊接权威布鲁诺竖起了大拇指说："李，你创造了奇迹！"

现在，这些经过李万君培训的员工已成为时速380公里动车组的生产主力，也使长客公司焊接技术整体水平和欧洲西门子实现同步。"李万君国家技能大师工作室"成立了，这里既是传承技术的培训站，也是解决企业生产难题的攻关站。不仅培训企业内部和吉林省内其他企业的焊工，李万君还赴新疆阿勒泰地区对400多名技术工人进行培训，把自己的技能变成社会财富。

"我的技能传给企业和社会才更有价值。"李万君说，大国工匠就应该把本事总结出来，把技能传承下去，把创新开展

起来，为中国梦的实现提速。

☆……☆……☆……☆……☆……☆……

在科学技术飞速发展的今天，你身边的每一个人都在努力学习以求赶上时代的步伐，你还对变化置若罔闻，还守着那点知识而不思进取的话，无疑就会被社会无情地淘汰。下决心掌握自己职业领域内的核心技术和关键技能，使自己变得比他人更精通、更专业，你才能有负责任的保障。无论从事什么职业，都应该如此。所以，作为员工一定要熟练掌握一门技能，成为企业的工匠型人才。

4. 自我充电，别忽视闲暇时间的价值

竞争激烈的职场上，如何和高学历和高技术人才竞争？自我充电就是提升自我能力和价值的最好方式。因此，利用闲暇时间学习是不断提高自己的阶梯。学习的目的不是为了追求高学历，而是不断提高自己的能力。一个愿意通过学习来提升自己能力的人，最终会获得职位上的升迁和事业上的成功。

《论语》上说：“学而时习之，不亦说乎！”可见学习是人生最大的快乐，学习也是不分老幼的。一个想要获得成功的人，不但要志存高远、脚踏实地，更重要的是，他要懂得持续不断地学习。今天的时代是知识爆炸的时代，知识总量以几何速度增加，大量信息扑面而来。有研究表明，19 世纪人类知识每五十年翻一番，而20 世纪80 年代每三年翻一番，那么21 世纪呢？两年不学习，我们的知识就跟不上时代的要求了，几个月不学习我们就会大大落后于别人。因此，学习从来没有像现在这样显得紧迫而又重要。

……☆……☆……☆……☆……☆……☆

罗丽丽是某银行一名普通的职员。刚进入银行上班时，她所挣的工资只能勉强维持生活。后来，工资涨了些，但她的生活仍然还是捉襟见肘。正在这时，罗丽丽在网上看到一家汽车公司的招聘信息，罗丽丽心动了。她从小就喜欢汽车，曾经梦想做一份与汽车相关的工作，后来阴差阳错学了金融，毕业后又顺理成章地进入了银行工作。现在，有一个做自己热爱的行业的机会，罗丽丽没有任何犹豫地辞了银行的工作。

罗丽丽很快成了这家汽车公司的一名销售人员。她很热爱这份工作，工作非常努力。每次老板交给她的任务她都当成是一种锻炼，一种机会。

一年后，罗丽丽为公司做出了很大的业绩。于是，她便向老板毛遂自荐，想要做管理工作。老板对她说："现在中层管理职位没有空缺，只有设备安装工作需要一名主管，你如果愿意，我可以让你担任这个职务。但是，由于这个职位的工作属性所限，我不保证给你加工资。"

听了老板的这番话，罗丽丽犹豫了一下。倒不是工资多少的问题，而是她从来没有做过设备安装这方面的业务。但是，罗丽丽感觉这对自己来说是一次机会，她不想错过这次机会，便爽快地答应了老板。为了尽快掌握这个岗位上的技能，罗丽丽充分发挥自己的学习主动性，利用一切闲暇时间学习，将这份工作做得有模有样。结果，她的工资涨了一倍。后来，老板告诉罗丽丽："当我对你说那个职位的时候，我本来以为你不会答应，因为我也知道你根本连图纸都看不懂。没想到你居然答

应了，更没想到你竟然做得这么好!”

罗丽丽在工作中抓住每一次微小的机会，善于学习，她的工作效率非常高，深得公司上下一致好评。对于这些，老板自然看在了眼里，提拔罗丽丽做了公司的副经理。

☆……☆……☆……☆……☆……☆……

故事中的罗丽丽让人佩服，也给人以启迪。对于我们来说，公司不仅是挣钱谋生的场所，更是学习进步、实现人生价值的舞台。因此，一定要不断学习，活出一种姿态，活的让自己无可替代!

身处日新月异的科技时代，不进则退。因此，在变化不断的职场上，我们要把充电当作生活的一部分，选择各种方式的“充电”，来使自己职业发展的道路更宽。简单来说，充电可以分为两种：一种是经验的积累，可以在平时的工作中平行进行。如在工作中处理不同的事务，接触不同的人，甚至尝试解决新情况新问题，这些都是对能力的锻炼。第二种是专业知识的学习，这个就会占用业余时间，需要“挤”出时间来进行。

对个人而言，可以根据自己的职业兴趣和目标来制订充电计划，或为培养自己的第二职业打基础，使自己跟得上软环境的变化。对于经济不是很宽裕的人来说，充电的形式可以采用公开课、讲座、书籍光盘等来进行有效的补充。这样每天坚持30分钟，天长日久的进步就很可观。“人，若是能养成每天读10分钟书的习惯，20年后，必判若两人。”一位前任的哈佛校长这样告诫他的学生。

作为一个现代人，不论你是在求学的时代，还是已经踏入社会，学习将始终伴随我们一生。可是，在现实生活之中，举目看去，这样的情况俯拾皆是：对于许多已经工作了的人来说，自从走上工作岗位，便很难再有学习的时间和热情了。甚至很多大学的老师，即便他们身为教育工作者，除了教课之外，也没有多少时间用在学习新知识上了。难道当真是大学一毕业，学习生涯就结束了吗？其实不然。中国古代先哲孔子有一句话，叫作“学然后知不足”。通过学习，我们会拓宽思路、增长知识。因此，不懈怠的学习才是百战百胜的利器，只有坚持学习的人才是聪明而有远见的员工。所以积极主动地学习尤为重要。在这方面，你需要做到以下几点：

第一，在工作中学习。

想在当今竞争激烈的商业环境中胜出，就必须学习从工作中吸取经验、探寻智慧的启发以及获取有助于提升效率的资讯。通过在工作中不断学习，你可以避免因无知滋生出自满，损及你的职业生涯。专业能力需要不断提升技能与刺激学习的能力相配合。所以，不论是在职业生涯的哪个阶段，学习的脚步都不能稍有停歇，要把工作视为学习的殿堂。

第二，主动给自己充电。

在公司不能满足自己的学习要求时，也不要闲下来，你可以自掏腰包接受“再教育”。当然首选应是与工作密切相关的科目，其他还可以考虑一些热门的项目或自己感兴趣的科目，这类培训更多意义上被当作一种“补品”，在以后的职场中会增加你的“分量”。

5. 终生学习，提高自己的职业竞争力

终生学习，就是说人的一生都要学习。从幼年、少年、青年、中年直至老年，学习将伴随人的整个生活历程并影响人一生的发展。有的员

工年纪不大，观念却老，不过三四十岁，就放松了学习，甚至放弃了学习。三十多岁的员工认为：我已经干了这么些年了，我有资历，有经验，学历也够用，工作也能胜任，有什么必要还去死磕学习？把自己弄那么累干什么？四十多岁的员工会想：我都已经四十岁了，老话说“人到四十不学艺”，还学习什么呢？将就干几年，退休算了！五十多岁的员工，想法就更消极了：我还学什么？年纪大了，眼也花了，即便想学，也学不会了，学习就是年轻人的事……

这样的想法实在是大错而特错，这只不过是为逃避学习而找的借口而已。学习是一生的事情，任何时候都需要学习，任何时候都能够学习，学习从来没有不必要、不重要、不能学的概念，爱学习、想学习，任何人、任何年龄，都一样可以学习。

☆☆☆☆☆☆

谈起武侠小说，几乎人人都能说出来金庸的名字。有相当多的成年人都是读着金庸的武侠小说长大的，其将深刻的人生哲理和深厚的东方文化内涵，灌注于神奇而浪漫的武侠故事之中，演绎了多少江湖恩恩怨怨、情仇搏杀？那深厚的文学功底、丰厚的“江湖”阅历、脍炙人口的故事情节，又让多少读者如痴如醉、爱不释手？金庸的名字，已连同他的武侠小说构成了中国文学发展史上一个亮丽的符号。

2005 年，金庸接到英国剑桥大学授予他“荣誉文学博士”的名衔，但同时他决定前往剑桥大学攻读博士学位。这一年，他已经 81 岁，不仅因为自己的 14 部武侠小说誉满天下，而且 90 年代卖掉一手创办的《明报》就价值过亿，可谓要名有名，要利有利了，他为什么还要亲赴剑桥去苦读呢？金庸表示，“我读博士不为学位而是为学问”。因为自己对音乐、甲骨文等方面知识“都不懂”，所以还要继续学习。

由于金庸少年求学时生逢战乱，他没有任何文凭，最终剑桥大学批准他先从硕士学位开始攻读。

金庸在剑桥大学真正读书差不多两年。本来他骑单车就很快能到剑桥大学，他太太说："年纪大了骑单车很危险，汽车也不大守规矩。"所以要他坐的士去上课，坐的士每次差不多要一百块港币。后来，金庸去一次，他的老师也会骑单车到他家来教一次。金庸的硕士论文就以玄武门之变为主要的内容：《初唐皇位继承制度》（The imperial succession in early Tang China）。取得了很好的成绩。

拿到剑桥大学硕士学位之后，继续攻读博士学位。

2010 年，86 岁的金庸经过严格的考试，终于获得剑桥大学博士学位。但这个学位并不是他亲自到剑桥拿证书的，而是剑桥圣约翰院长杜柏琛（Christopher Dobson）拿着证书，从英国飞来香港，亲自颁给他的。这开创了剑桥海外颁发博士学位的先例，这是因为金庸先生成就卓越，所以破例。

☆……☆……☆……☆……☆……☆……

金庸先生可谓"活到老、学到老"的典范，更是我们学习的典范。没有不需要学习的时候，也没有不需要学习的人。作为员工的我们，正处在人生和事业的上升期，我们更需要不断地学习。只有努力地学习，才能成就更加精彩的人生。因此，求知不分早和迟，学习不怕年纪大。不管多大的年纪开始学习，都不晚。知识无穷无尽，活到老要学到老，学到老也照样学不完。所以，在学习上不能有满足之心。人类几千年积累下来的知识文化，不能在短时间内学完，就算把一生几十年的时间都用来学习，也还是很有限的。只有坚持学习、终生学习，才能不断获得新知，不断完善自我，从而成为一个优秀的人，一个卓越的人，甚或一个伟大的人。这样的人，绝不可能一事无成，而往往会成大事、就伟业，写就自己非凡的人生。

作为一个员工，不论处在职业生涯的哪个阶段，学习的脚步都不能稍有停歇，要把工作视为学习的殿堂。知识是我们赢取发展的途径，而知识也是不断变化的，所以我们要在工作中不断地提高自己的认知和能力。利用一切机会去学习，不忘初衷，谦虚学习，终生学习。这样不断学习的员工才是老板和企业最需要的员工。在这个竞争激烈的社会中，如果想不落伍，就必须懂得终生学习的道理。在校期间所学习的专业，只是你踏上专业之路的第一步，许多行业所特有的专业技能，学校无法提供，只能在工作实践中学习。通过在工作中不断学习，就能提高自己的实际能力。

当然，在工作中不断学习不一定非要脱离现在的工作。只要你想要学习，在工作实践中学习也是一样的，只要你用心就能学好。如果你热爱自己的工作，随时都可以在身边发现值得学习的东西，那是最有用的、最适合你职业的学习内容。那怎么才能更好地学习呢？

第一，要有良好的心态。进入职场、承担生活的负担，使得学习变成每天的“业余活动”。当初在学校时，学习是“主业”，工作以后，学习的时间就减少了。所以，工作后的学习肯定会有更多的困难，不要用当初在学校的想法和要求来对待工作后的学习。

第二，要有韧性。参加工作后的学习，都是利用工作之余、必须的生活活动之余来进行，而且是无人监督的，全靠我们自觉，所以必须要有坚韧的毅力。如果毅力不强，那么可以找个人来监督，或者给自己规定任务，督促学习。

第三，要充分、合理利用业余时间。工作之余、必要的生活活动之余，肯定还有许多的时间。一般情况下，我们会把这些时间用来看电视、聊天、上网、逛街、逛公园、睡觉、聚餐等。建议根据自己的实际情况，安排必要的休闲活动，把其余的时间用来学习。

第四，要有良好的学习方法。由于时间断断续续，所以工作中的学习不宜长篇大论，最好是少而精的学习。即在某段有限的时间里面，集中精力弄懂一点，不求大而全。

第十章 终身受雇，不做过客与老板同发展共命运

许多员工认为自己只是一个打工者，与公司只是一种雇用与被雇用的关系，甚至有意无意地将自己置于与老板对立的地位，这实在是一种错误的认识。企业不但是员工之间相互交流、相互沟通和相互协作的载体，也是员工学习进步和展示才华的载体。

1. 看淡薪水，成长比薪水更重要

在职场，不少员工把薪水作为他们选择工作的标准，把“钱途”作为衡量工作好坏的尺度。于是，我们常常可以听到这样的抱怨：“我们辛辛苦苦地工作，就为这点钱，要给老板卖命吗？”“如今是市场经济，讲究等价交换，拿多少钱干多少活，我要是光工作不要钱，那不是给人家白干了吗？”抱着这些想法的员工往往会想：反正企业给的工资也不多，只要能应付老板就万事大吉，没必要去好好工作。其实，这是非常错误的做法。

在职场中，一个优秀的员工应该保持积极进取的态度，要想着成就一番事业，要有远大的理想。当得到一个工作岗位时，首先考虑的是这个职位对自己将来的发展是否有利，是否有前景，而不能只考虑这个工作的薪水怎么样，也就是工作不能仅仅为了薪水。工作的意义并不在于薪水的多少，而在于它是否能最大限度地体现一个人的价值。工作绝不仅仅是为了金钱，薪水只是生活的必要物质基础，而不是工作的最终目的。赚钱和有价值的人生并不一样，赚钱和让生命过得有意义也是完全不同的两回事。试着请教那些事业成功的人士，他们在没有优厚的金钱回报下，是否还继续从事自己的工作？大部分人的回答都是：“是的！因为我热爱自己的工作。”可见，想要攀上成功之阶，最明智的方法就是选择一份有“前途”的工作，懂得成长比薪水更重要。

在工作中，如果你只在乎薪水的多少，那么你在别人眼中，无疑就

是一个目光短浅的人。这样的你也很难在事业上有所成就。因为，相对于勤奋工作所带给自己的机会而言，薪水是微不足道的，至少可以说是有限的。如果一个人只是为了薪水而工作，那么他的生活将陷入平庸之中，而人生的成就感就在日益平凡的工作中离他远去。

工作给你带来的远比银行卡中的工资要多得多。一个人所从事的工作，这个职业所给予他的薪水仅仅是其报酬的一部分，可以说是很少的一部分。除了薪水，职业给予一个人的报酬还有珍贵的经验、专业的训练、才能的表现和职业素质的培养。这些东西与薪酬相比，其内在的价值不知要高出多少倍。这个世界上大多数人都在为薪水而工作，如果你能不仅仅为薪水而工作，你就超越了芸芸众生，也就迈出了成功的第一步。对不只为薪水而工作的人而言，你可以取得更加丰厚的报酬。这种报酬与企业付给你的薪水相比，后者是微不足道的。

据美国《福布斯》杂志当时的报道，李嘉诚是全世界最富有的中国人。在常人看来，拥有这么多的财富，为什么还要继续工作呢？对于这个问题，80 多岁的李嘉诚说："我热爱我的工作，所以还未想到退休。" 63 岁时还在着手建立庞大的娱乐商业帝国的萨默·莱德斯看法与李嘉诚不谋而合："实际上，钱从来不是我的动力。我的动力源自于对我所做的事的热爱，我喜欢娱乐业，喜欢我的公司。我有一个愿望，要实现生活中最高的价值，尽可能地实现。"

赚钱不是工作中的唯一追求，享受工作的乐趣才是更高层次的精神追求。或许有的人觉得有钱就是富有，如果仅仅拥有金钱，但失去了生活的乐趣，在精神上，他同样是一个穷人。无论从事什么样的工作，无论得到多少薪水，工作带来的乐趣总是我们最需要的。一些心理学家发现，金钱在达到某种程度之后就不再诱人了。大凡有所成就的人，都不把薪水作为工作的主要目的，而是把工作当做自身进步的阶梯。即使你还没有达到那种境界，但如果你拥有了神圣的使命感和远大的目标的话，就会发现金钱只不过是众多报酬中的一种罢了，人生还有更多有意义的回报。

一个人，如果仅仅为了获得物质上的报酬而去工作，他将永远是工作的奴隶。如果一个员工的心思没有放在薪水上，而是把主要精力放在如何把工作做好，如何促进公司的发展。那么，对于这样的员工，老板没有理由不喜欢、没有借口不重用。一个得到老板赏识和器重的员工，他的薪水应该不是一个问题吧？因此，只有时刻站在人生的高度对待你目前的工作，并把它当成工作的起点，你才能真正走上成功之路。

2. 树立主人翁精神，把自己视为公司的主人

主人翁精神是一个简单却深刻的概念，它有着巨大的影响力，它激发人们带着强烈的责任心去做每一件事。工作是职场人的第一课堂，要想在当今竞争激烈的商业环境中胜出，就必须培养主人翁精神，只有这样，我们才能把公司当成自己的家。相信，无论是哪个老板，他们都希望自己的员工把公司当作自己的家，把公司当作自己的事业，把自己融入公司中，勤勤恳恳地工作，和公司共同发展。

作为企业大家庭中的一员，不管你是否才华横溢、能力出众，只要

你渴望晋升，渴望担当大任，渴望获得更为广阔的发展平台，就要以企业主人翁的态度来争取。当你以企业主人翁的身份工作，将全部身心彻底融入企业的事务中，激发自己的能量，处处为企业着想，做出自己的成绩，那么晋升是早晚的事。更重要的是，你永远不用担心失业，因为只有主人舍弃家，没有哪个家会抛弃主人。所以，只要你仍旧是企业的一员，那么在提起自己企业的时候就要说“我们企业”，而不是用其他称呼，而且在内心深处也要发自肺腑地认同这样一个观点：我是企业的一员，我理应为企业的发展付出自己的努力。当你做到这一点时，你就会发现，自己在事业发展的道路上已经向前迈进了一大步。

☆☆☆☆☆☆

张雯是一家知名家电企业的空调生产车间的职工。有一次，她在对当日生产的空调进行产品质量清查时，意外地发现在装空调的箱子里多出了一个螺丝钉。张雯立刻意识到，很有可能是某台空调少安装了一个螺丝钉。一个螺丝钉事小，但企业的信誉和形象事大啊。公司曾经也发生过类似的事情，当时的一个员工就是因为忽略了这样一个看起来不起眼的螺丝钉，才造成了顾客的空调漏电差点酿成大祸。张雯想把那台少安装了螺丝钉的空调找出来，但面对上千台的空调，光凭她一个人的力量是远远不够的。于是她立刻把这件事上报给了车间主任。车间主任在了解情况后，立刻指挥整个车间的所有职工把所有的空调一台台地进行清查起来，务必要把那个少了螺丝钉的空调给找出来。经过 4 个多小时的加班，在车间主任和张雯的带领下，员工们终于找到了那天少安装了一个螺丝钉的空调。

☆☆☆☆☆☆

张雯以高度的主人翁精神及时地为公司解决了困难，才没有造成公司的损失。这样的员工，才是一个好的员工，因为这样的员工深刻地明白，“只有锅里有了，碗里才会有”的道理。倘若公司因为这次的螺丝钉而信誉受损，那么到头来吃亏的除了企业，还有像张雯这样的普通员工。可见，我们应当树立这样一种意识：从进入企业的那一刻起，你就是企业的人了。这里不是逃避就业压力的避风港，也不是你暂时休息的地方，这里是你的家，每一位员工都应该把自己的命运和企业的命运牢牢绑在一起，投入自己的忠诚和责任心，将身心彻底融入企业，不找任何借口，尽职尽责，以主人翁的心态贡献自己的力量。有主人翁精神的人，职业生涯的成功就有了最基本的保证；没有主人翁精神的人，职业生涯的发展就缺少了根基。所以我们要改变为别人工作的心理，改变只对赚钱的工作感兴趣的心理，改变工作做完就行的打工者心态，只有把思想上升到新的认识高度才能适应当今社会的发展。

当一个企业中每位员工的主人翁意识不断增强，主人翁责任自觉提高的时候，也就是这个企业凝聚力强大的时候，也是这个企业在市场上竞争力一流的时候。在这样的情况下，企业就会自然而然地发展壮大。对每个员工来说，就有了更多的收入和工作机会，我们的生活也会不断地改善。相反，当企业亏损和失败的时候，这个企业的员工都会遭受挫折和打击。

因此，企业与员工的命运休戚相关，无论从何种角度看，以主人翁的心态贡献自己的力量所成就的都是最完美的局面。

在工作中，具有主人翁精神的员工会把企业利益放在首位，他们把企业视为自己的家，把企业的事当成自己的事来办，全身心地为企业奉献自己的忠诚，忠诚于企业，忠诚于事业，忠诚于自己的岗位。他们不贪小利，在老板眼中是可信的。这样做，无论是对企业的发展，还是对个人的成长，都是大有裨益的。

3. 认同公司，不要“脚踏两只船”

在企业与员工双向选择、权利平等划分的今天，“跳槽”成了一件极为平常的事情。有一些人，往往将自己已经跳了几次“槽”作为能力的体现，同时更把“跳槽”当作更加适合自己、实现自己人生理想的最好选择。表面看上去，员工频繁的“跳槽”直接受到损害的是企业，但从更深层次的角度来看，对员工的伤害更深。因为频繁的“跳槽”使员工自身的忠诚度大幅降低，终将成为其择业的障碍。

☆☆☆☆☆☆

吴晓娟是一家通讯设备公司的高管，在该公司工作了五年。因为和新上任的老板在销售意见上有了分歧，她产生了跳槽的念头。刚开始时，这种想法很淡，但渐渐变得清晰。于是，吴晓娟把工作推给手下的李祥全权负责，自己则经常跑去外企面试。

吴晓娟觉得自己不但能胜任部门主管这样的职位，对公司经理这样职位而言，能力也绰绰有余。但是，越高的职位越是有风险的，毕竟有些困难是无法预料的。虽然吴晓娟很优秀，仍然不能顺利地被外企选中，总有更合适的人选将吴晓娟替掉。

就在吴晓娟每天一门心思地研究如何攻克外企经理这个职位时，其所在公司的老板突然把吴晓娟叫到了办公室，对她进行了谈话，想婉言辞退她。

就这样，吴晓娟被老板解雇了。一心想要跳槽的吴晓娟，新工作还没有找到，却先失业了，那种深深的失落与彷徨以及巨大的挫败感，让她像霜打了的茄子一样。

☆……☆……☆……☆……☆……☆……

在职场中，很多人总是不满意当下的工作，认为老板给自己的待遇不够高，给自己的职位不够好，认为与同事很难相处，便企图用跳槽来解决这些问题。可是，他们信心又不足，不知自己到底该选择什么样的工作。既不肯辞职，又不肯踏踏实实工作，有事没事儿还投投简历，出去面试一下。如果你想尝试这样的职场生活，就应该明白一个道理：脚踏两只船，两只脚会都很酸。最后的结果就是一只船都站不稳。一个员工缺乏忠诚度，脚踏两只船，不但不利于自己的经验累积和进步，更为重要的是难以取得老板的信任，自然也就没有进一步发展的机会。无疑，这一问题会毫不留情地阻碍你通向成功的道路。

虽说从职业的角度看，一个人难免要换几次工作，但必须依据自己的整体人生规划进行调整，而不是盲目跳槽。一个人跳槽如果只是为了金钱上的收入，或者感到自己怀才不遇，想着下一份工作会更好，那可能就得不偿失了。因为面临残酷的现实时，很可能并不如你跳槽时的那般潇洒。一位在两年内换了四家公司的员工曾经感慨地说：“原本想通过跳槽得到更好的职位和待遇，结果发现处处碰壁，现实总是不如想象得好。”

现实中，为什么大部分人都在抱怨“怀才不遇”，感慨工作环境不好，而在频繁地跳来跳去之后，结果仍然不见起色？这主要原因在于，他们根本没有找到自己与工作不合拍的本质原因，更没有从根源上想办法解决它，而总是从外部找理由。殊不知，研究自己是远比研究别人要更经济、更有效率的。跳槽犹如围城，跳出去的人在新任单位与前任公

司之间算计着得失，有时难免会怀念过去公司的种种好处；没跳的人蠢蠢欲动，总羡慕跳出去的人得到了更大的发展。但是，在你跳槽之前，最好先对自己目前的状况进行一番理智的分析。的确，有些人跳槽后工资高了，但由于过去的资源利用率低，又要从零开始寻找机会，没有积累，也没有进步。对于职场新人来说，工资高低是考虑的一个方面，更重要的是要看学习的机会和成长的空间。你频繁跳槽，在不知不觉中养成了这么一种习惯，浪费了许多宝贵的时间和精力，心态就会变得越来越浮躁。两三年过去之后，你回头再看，自己实际上还是在原地踏步。

人的成长和职业发展是有规律的。通常情况下，在一个岗位干上三年，才能很好地掌握本岗位所需要的关键能力，包括知识和经验的积累、技能的提高，才能熟悉本行业及本企业的业务流程。在一个企业工作三年以上，才能对企业的经营管理及战略、企业文化等有较深入的了解。在此基础上，工作起来才会游刃有余，人的潜能才会最大限度地释放出来，才可能有更多的晋升机会。

我们所熟知的那些职业经理人，哪个不是在公司打拼十几年、几十年呢？

杰克·韦尔奇1960年加入通用电气（GE）塑胶事业部。1971年底，韦尔奇成为GE化学与冶金事业部总经理。1979年8月成为通用公司副董事长。1981年4月，年仅45岁的韦尔奇成为通用电气公司历史上最年轻的董事长和首席执行官。韦尔奇在通用电气干了二十年才成为通用电气公司历史上最年轻的董事长和首席执行官。

杨元庆1989年在中国科技大学取得计算机专业硕士学位，同年进入联想集团工作。1994年，出任联想微机事业部总经理；1995年，出任联想集团助理总裁；1996年，晋升为集团副总裁；

1998 年，任集团高级副总裁兼联想电脑公司总经理。2000 年，任联想集团高级副总裁兼联想电脑公司总裁。2001 年，成为联想集团总裁兼 CEO。杨元庆在联想工作十二年才成为联想集团总裁兼 CEO。

☆……☆……☆……☆……☆……☆……

打一枪换一个地方，让自己始终处在陌生的工作环境中，等于不断重新开始，不断将自己的职场能量清零，也就不会有什么突出或成功的工作经历，更不可能学到该企业的精髓。在浪费个人工作及学习时间之余，还可能会降低个人自信，降低个人信用。谚语说得好：“常挪的树长不大。”就像挖井一样，尽管挖了许多口井，但都挖得不够深，结果还是没有挖出水来，白费了力气。既然选择了一家公司，我们就应该与公司一起成长，为做好工作而努力。将一口井挖深，实实在在地埋头苦干，才能闯出属于自己的一片天地，才能无愧自己的人生。

4. 危机之下，与老板共渡难关

经常会有员工说：“我不是老板，企业倒闭了跟我没关系，我不会遭受损失。”一旦企业出现什么危机，他们会以最快的速度逃离企业。这是典型的缺乏忠诚的员工。这类员工错误地把自己和所在的企业对立起来，错误地认为个人前途与企业前途没有关系。其实，企业和员工是密不可分的，企业利益和员工个人利益也是高度统一的，它们一损俱损，一荣俱荣。

小李是某民营企业的前台行政人员，进入公司半年来一直默默无闻地工作在自己的岗位上，尽职尽责。然而，在一次不正当的投标竞争中，公司遭遇了重大挫折，几乎断绝了资金来源。这让公司老总郁闷不已。

公司员工开始议论纷纷，有的员工甚至开始网上投递简历，为自己寻找下一份工作。整个公司人心涣散，甚至连老总都失去了信心。很快，公司便没了形，员工走的走，玩的玩，老总也是整日喝酒，经常在办公室醉得不省人事。让人觉得诧异的是，前台小李却还是和往常一样兢兢业业地工作着，甚至将别人该完成却没完成的工作也包了下来。

这天，小李实在看不下去了，于是敲开了老总紧闭了几天的办公室门，并义正辞严地“训”了老总一通，然后走出老总办公室继续工作。

老总幡然醒悟，连一个小前台对公司都能这么负责，我怎么能够这么糊涂，因一个小小的打击就一蹶不振呢？于是，老总开始着手重新整理业务，并与小李一块商议了一套方案。很快，公司又扭亏为盈，进入了正常发展的轨道。小李也因此被提拔为行政主管。当有人问起小李当时怎么会那么傻，坚决留在一家眼看就要倒闭的公司，还那么卖力时，小李微笑着说：“既然在公司一天，那当然就要认真做好一天，这是对员工与公司的契约规定，而且作为企业的一员，有责任与企业共患难。”

一个忠诚并和老板患难与共的员工，最能赢得老板的赏识。也许他们在技术上、业务上并不是最出色的，但是在老板的心目中却是最优秀的。公司有时也和人一样，也会经历风风雨雨，有时还会陷入艰难境地。面对公司可能出现的减薪、瘫痪、倒闭等情况，作为员工会做出不同的选择，有的人基于生活所迫或期望有更好的发展而选择另谋高就，有的人则选择留下来与公司共渡难关。我们不能指责那些在企业危难之时选择离开的员工，因为各人有各人的立场。不同的是，那些选择留下来与企业共渡难关的人会得到更多。

刘大全是一家大公司的职员，主要职责是协助总经理签单、与客户谈判等。他刚进公司时，公司运作良好，他的薪水也拿得很高，刘大全觉得自己选对了公司。但是突然有一天，老板马总召开全体员工会议，宣布公司目前正面临困境，因为公司正在进行的项目已经耗资几百万，发不出员工这个月的薪水了，请大家见谅，下个月一起补发。员工们没有提出异议，安安静静地回去工作了。一转眼半年过去了，马总辛苦奔波，虽然整套审批手续都办了下来，但是公司资金周转不灵，陷入了瘫痪状态。别说发工资，就是公司运营的日常费用都要向银行求救。当马总把这个消息告诉员工时，员工们个个人心涣散，辞职的辞职、罢工的罢工。不到一个星期，公司剩下的人已经屈指可数了。

这个时候，有人高薪聘请刘大全到他们的公司，但刘大全始终不为所动。他对来人说："公司景气的时候，老板给了我许多；现在公司有危难，我应该与公司共渡难关。只要老板马总没有宣布公司倒闭，我就不会离开公司。"来人听了刘大全的话，感叹地对刘大全说："现在像你这样的人不多了，如果公司不幸倒闭，请一定到我们公司来。"刘大全答应了。

情况越来越糟，最后留在马总身边的只剩下刘大全一个人了。马总大为感动，他许诺一定要为刘大全找个好未来，当时

刘大全不知道他指的是什么。原来，马总将之前的项目转让了，在转让的合同里，马总开出一个条件，就是让刘大全担任接受转让的公司的项目开发部经理，并对他们说，只要公司在他就在，他是公司最需要的人。刘大全加入新公司后，出任了项目部经理，新公司给他补发了原公司拖欠的工资，并把他与公司共命运的行为大加褒奖了一番。经过几年的奋斗，刘大全成了这家公司的副总裁，而他与马总始终保持着良好的关系。刘大全在公司危难之时，舍弃了高薪工作，选择了与公司共渡难关，结果得到了老板马总的信任和器重。

☆……☆……☆……☆……☆……☆……

每个人，无论从事什么样的职位、做什么事情，都有与之相对应的责任，也会有与之相应的权利。你有多大的权利，就必须负起多大的责任，如果你企图推脱责任，那么最终你也将失去所有权利。与企业一同成长要求员工必须有长期服务于企业的意愿，有与企业共进退的决心。只有与企业同患难，才可能与企业同成长。在企业困难的时候当“逃兵”自然也就无法享受最终的成果。这些在企业最困难的时候，不当“逃兵”的员工是值得我们学习的榜样。他们把自己当成公司的主人，在公司出现危机的时候积极行动，去抢救和保护它。当然，与企业一同成长，也让他们享受到企业给自身带来的利益，成为老板愿意终生聘用的员工。

5. 保守商业秘密，不损害老板利益

作为公司的一员，我们要培养一种职业习惯，有责任保守公司和老板的秘密，决不做出卖公司、出卖老板的事。不随便在朋友或亲人面前透露公司的商业机密，这也是身为员工的一项基本操守。这个社会充满了大大小小、各种各样的诱惑，这些诱惑随时可能让一个人背叛自己坚守的道德、原则和情感。有的员工为了一己私利，无视公司的利益，将老板的商业机密出卖给别人。一些企业的员工对企业内部需要保密的情报不够重视，或故意泄密换取金钱，或因掌握商业机密而跳槽到竞争对手那里，造成企业知识产权资本的流失，影响了企业竞争优势的保持。一个人如果为了一己之利不惜牺牲公司的利益，其结果是在他出卖公司的同时，也出卖了自己。作为一名员工，不要忘了自己的角色，你需要为公司争取利益，而不能为了自己去损害公司的利益。

市场竞争是激烈而残酷的，胜负往往在毫厘之间。一个秘密可能关系公司的生死，一个信息可能左右企业的成败。加强对员工进行保守商业秘密教育，不断提高保守企业商业秘密的自觉性，已经是相当紧迫的事了，决不可以掉以轻心。保守秘密，是身为员工的基本行为准则，是事业的需要。机密关系到企业的成败，关系到上司的声誉与威望。身为员工一定要对保密做到守口如瓶。对于员工来说，不能为了个人私利而出卖公司，这是职场成功者的忠告。无论什么原因，一个人只要失去了忠诚，就失去了人们对他最根本的信任。相反，如果一个人在工作中一

直坚持忠诚的原则，忠于公司，必将获得老板的赏识和众人的尊敬。

某家企业的一位技术员被猎头公司相中，而这家企业当时正处于困境之中，被竞争对手打压得喘不过气来。更可怕的是，对手通过种种手段来挖大批技术人才，甚至是重金收购公司的绝密数据资料。这名技术员就是对方盯牢，打算下手的目标之一。

对方公司派人私下找到这名技术员，开出高价要求购买他手中的技术资料。结果出人意料的是，这名技术员愤怒地拒绝了，并表示只要他还在公司一天，就绝不会出卖公司任何机密。对方说客灰头土脸地回去复命了。市场竞争残酷无情，技术员所在的企业终于没能顶下来，最后宣告破产，技术员也随之失业。

迫于生计，这名技术员来到了从前的对手公司应聘一个普通技术岗位。递交求职材料的第二天，公司的技术高管就亲自接见了他，并当场拍板决定予以录用。这样一来，反倒弄得这位求职者有点不知所以了。看到迷惑不解的技术员，负责人笑了，“我们知道你，你就是那个让我们感到很丢人的人。我们愿意聘请你，除了你的能力，更主要是你的那份忠诚”。凭借着忠诚与努力，这名普通技术员深得上司信赖，很快就脱颖而出，此后便一步步升到了技术主管位置，直至进入到了公司的核心圈。

保守企业秘密是员工应该遵守的职业道德之一，员工要时刻绷紧这根弦，避免自己不小心而祸从口出，给企业和自己带来不必要的损失和灾难。工作在生活方面是为了谋生，为了糊口，但也不能“有奶便是娘”，谁给钱多就为谁干。比如，在一些企业中，有些人随意带走客户关系或技术资料，跑到竞争对手那边，反过来威胁原来的企业，这不但是不道德的，甚至是违反法律的。即使一个人更换工作的时候，也不能抛弃自己的“忠诚”，而应该一如既往地对自己原先公司的秘密守口如瓶。如果一个人为了一丁点儿利益而出卖公司的话，这样的人在世界的任何角落都不会受到欢迎。甚至背叛者还会受到法律的制裁和道德谴责，以及良心上的不安。因为他出卖的不仅仅是公司的利益，还有他自己的尊严和人格。哪怕是从他手中获得利益的人，也会从心底鄙夷他。

6. 和老板一起成长，铸造终身金饭碗

“金饭碗”，古时指皇帝吃饭的碗，民间传言，能得金饭碗，一生衣食无忧。在现代，“金饭碗”则指待遇优厚的职位。在如今的职场中，要铸造终身金饭碗就必须和老板一起成长。对于员工来说，当我们踏入企业之后，我们就不是企业的过客，而是企业中的一员。只有肩负起和企业同命运的职责，与企业一同成长，才能在工作中赢得企业的赏识和重用，从而成就自己的事业！一个能够时刻与企业共命运的人，才能得到最多。

两个大学计算机系的同学，在校时均品学兼优，特别是在英文和电脑技术方面优势突出，毕业后一同应聘到北京一家软件公司。没想到，几个月后，同学甲就因为另外一家私企的高

薪、股权引诱而跳过去。当时，他和同学乙商量一起走，但同学乙并不看好那家公司，他认为所在企业的企业文化非常有利于他们的发展，于是苦劝同学甲不要贸然跳槽。被冲昏了头脑的甲似乎去意已决，当月就走人了。

然而，他哪里想到，那家私企的资金链异常脆弱，还处于四处融资阶段，不久就出现了资金运转问题，连正常的薪水都无法发放。于是甲又跳槽了。在接下来的两年中，他就像一只无头苍蝇一样四处乱撞，一次比一次失望，短短几年时间里，同学甲已经相继尝试了软件、网络、销售、广告、媒体、汽车、保健品等多种行业。可谓是“万金油”，什么都会一点儿，但什么都不精通，只好一直做初级工作。这样时间长了，自己最初的知识也淡忘了，更不用说一些新兴的技术了。奋斗了好几年，却还是两手空空。

然而同学乙处在的公司已经在纳斯达克上市，因为他充分认同企业文化，干工作兢兢业业，现在已经成长为一个重要部门的经理，手里拿着可观的原始股票，也买了车买了房。

同学甲这才发现还是原来那家公司最好，可是后悔晚矣！

这个世界不缺少能力非凡的员工，真正缺少的是能够真心爱上自己的企业，愿意与企业共命运的人。企业和员工是一个共生体。在任何一个企业，任何时候，员工都不能做一个旁观者，而是要有主人翁意识，树立“与企业一同成长”的思想。作为一名员工，只有始终把企业的命运和自己的命运紧密联系在一起，时刻关注企业的利益，与企业同呼吸共命运，才能形成无坚不摧的团队，才能真正实现企业和员工的共同发展，达到一个又一个既定目标，真正取得胜利。因此，经济学家洛里·西尔弗说:“企业和员工是一个共生体，企业的成长，要依靠员工的成长来实现；员工的成长，又要依靠企业这个平台。企业兴，员工兴；企业衰，员工衰。微软是这样，IBM 是这样，沃尔玛也是这样，所有企业都是这样。”确实，微软、IBM、沃尔玛等，这些企业能够成长为世界一流的企业，是因为始终有一批世界一流的员工在和这些企业一起奋斗，与企业共命运。

☆ ☆ ☆ ☆ ☆ ☆

李东明是个厚道笃实的小伙子。大学毕业之后去了一家民营企业。这家公司是做真皮皮鞋生意的，可当时由于销量不好，公司已经濒临倒闭，很多老员工都纷纷离开了公司。李东明心想，既然自己已经到了这个公司，公司也给自己签了三年的合同，不能只干一年就走吧？这样有失厚道。自己既然是公司的一员，就有义务与公司患难与共，同生共荣。公司好的时候进来，不好就抛弃公司，也不是自己做人的准则。

于是，他主动向老板要求留下，与企业共渡难关，并且要求减薪，只要基本的生活费就可以。经济萧条时期，也没有钱进原料，生产艰难。但李东明和留下来的员工都毫无怨言，并且积极地想各种方法节省原料，促进生产，打开销路。

这天李东明来到仓库，发现仓库里有许多做皮鞋剩下来的边角废料。他拿起来仔细一看，发现许多废料是因为当初做鞋时，鞋模没有按照一定的顺序整齐排列而剩下来的。他想，这些废料做成人鞋不够，但是把几块不同的皮料拼在一起做儿童鞋却绰绰有余。于是他立刻向老板说了自己的想法，以后做鞋时，鞋模按照一定顺序整齐排列，这样可以节约一部分皮料，而剩下的皮料拼接在一起可以做一些花式儿童皮鞋。老板采纳了他的建议，用废料生产花式儿童鞋。没想到花式儿童皮鞋推出市场之后，一炮打响，很快得到市场的认可，由于是独家产品，市场供不应求，公司的状况很快有了起色。

李东明又到别的厂里，以极便宜的价格收购了很多边角废料，用这些废料给公司赚来了很大利润，公司终于又兴旺起来。李东明也因为出色的表现和与公司共渡难关的精神，深受老板的青睐，不仅成为公司的股东，还进入了公司的管理层，开启了自己全新的人生。

☆……☆……☆……☆……☆……☆……

作为企业的一员，你的命运注定与公司休戚相关，与老板密不可分。公司兴，员工兴；老板旺，自己旺。公司、老板和自己，其实是利益共同体。只有真正地把公司当作自己的家，为之努力，为之奋斗，才能在企业的成功中获得自己的成功，在老板的梦想里实现自己的梦想。当然也只有爱企业爱工作，把企业当家，把老板当亲人，与老板共命运、共成长，你才能真正得到老板永久的青睐，让老板无论任何时候都愿意聘用你，才能真正端上了金饭碗，永远不会失业。